Andreas Knuf (Hg.)

Leben auf der Grenze
Erfahrungen mit Borderline

EDITION
BALANCE

Die Deutsche Bibliothek – CIP-Einheitsaufnahme
Knuf, Andreas:
Leben auf der Grenze – Erfahrungen mit Borderline /
Andreas Knuf. –
2. Aufl., Bonn : Psychiatrie-Verl., 2002
(Edition Balance)
ISBN 3-88414-316-6

Weitere Informationen zur Edition Balance
finden Sie im Internet.
Besuchen Sie unsere Homepage:
www.psychiatrie.de/verlag

Originalausgabe
© Psychiatrie-Verlag gGmbH, Bonn 2002
Kein Teil dieses Werkes darf ohne Zustimmung
des Verlages vervielfältigt oder verbreitet werden.
Umschlag: Hans Schlimbach, Köln
Umschlagabbildung: Barbara Rüesch, Zürich
Satz: Marina Broll, Dortmund
Druck: Clausen & Bosse, Leck

Inhalt

Sind alle Borderliner schrecklich?

Vor fast 15 Jahren, als Psychologie-Student, hätte ich dieses Buch gebraucht. Damals versuchte ich zu verstehen, was es mit der Borderline-Erkrankung auf sich hat. Aber statt zunächst Erfahrungsberichte zu lesen, lernte ich Diagnosekriterien auswendig und verstand: gar nichts. Nein, das stimmt nicht ganz, denn ich verstand zumindest so viel, dass mir diese Krankheit zunehmend mysteriöser erschien; auch erfahrene Therapeuten hatten mir nicht nur einmal die Empfehlung gegeben, mich vor Borderlinern in Acht zu nehmen. Das aber wollte ich ganz und gar nicht und so entstand mein Wunsch, eine Ahnung davon zu bekommen, was Menschen mit Borderline-Identität erleben, warum sie auf ihre Art handeln und was ihnen vielleicht etwas mehr Boden unter den Füßen geben könnte. Daraus erwuchs die Idee, Schilderungen von betroffenen Menschen zusammenzutragen, um zunächst jene zu Wort kommen zu lassen, die genau wissen, worüber sie schreiben, weil sie es selbst erlebt haben.

Zwanzig betroffene Menschen berichten in diesem Buch, was Borderline-Erleben für sie konkret bedeutet und wie sie mit, trotz oder gerade wegen ihrer psychischen Probleme (über)leben. Manchmal ist es ein ziemlich hartes und mühsames Leben, manchmal aber auch von einer tiefen Freude, wie sie vielen Menschen nur selten zuteil wird.

Insgesamt hatte ich in der eineinhalbjährigen Arbeit zu diesem Buch mit etwa 100 betroffenen Menschen und mit zahlreichen Angehörigen Kontakt. Die meisten lernte ich über Mailinglisten und Kontaktforen im Internet kennen, einige über Mundpropaganda und Zeitschriftenanzeigen. Manchmal war die Arbeit an diesem Buch ganz schön anstrengend: Da hatte ich mühsam jemanden für einen bestimmten Text gewonnen und kurz vor dem Abgabetermin erhielt ich die Nachricht, es gehe ihm gerade sehr schlecht, er versinke im Chaos und mit dem Text habe er leider noch nicht beginnen können. Alles ging von vorne los. In solchen Augenblicken verfluchte ich alle Borderliner und vor allem mich selbst mit meiner verrückten Idee, eine solche Textsammlung veröffentlichen zu wollen. Dann verstand ich auch, warum es ein solches Buch bisher noch nicht gab. Wenig später erhielt ich aber ganz unerwartet einen wirklich beeindruckenden Text von jemandem, dem ich das Schreiben gar nicht recht zugetraut hatte, und war wieder versöhnt, zumindest bis zur nächsten Absage. So zeigten sich die immer wiederkehrenden Borderline-Schwierigkeiten auch in der Arbeit an diesem Buch: die völlige Begeisterung, der aber auch schnell der Atem ausgehen kann, das Ertrinken im Chaos und die fehlende Wahrnehmung für die eigenen Grenzen. Aber auch die positiven Seiten der Borderline-Persönlichkeit spiegelten sich in der Arbeit wider: die ausgeprägte Kreativität, die beeindruckende Offenheit und Ehrlichkeit sich selbst gegenüber, der Wille, etwas zu schaffen.

Borderline ist eine ganz normale psychische Erkrankung, aber sie ist für Außenstehende schwer einfühlbar, und zwar nicht nur für Angehörige und Freunde, sondern auch für viele Fachleute. Deshalb entstehen Missverständnisse. »Alle Borderliner sind schrecklich«, »Die führt sich doch nur auf« – viele Betroffene kennen solche Aussprüche nur zu gut. Sie sind nicht fair, aber sie sind nachvollziehbar. Scheinbar wie aus heiterem Himmel wird aus Freude Verzweiflung, aus Angst Wut, im einen Augenblick noch unbekümmert, fügt sich jemand plötzlich schwere Verletzungen zu. Das wirkt »verrückt«, macht Angst. Gegen diese Angst hilft nur ein besseres Verständnis. Und das ermöglichen die Texte dieses Buches – wer sie liest, kann die Borderline-Sprache besser entschlüsseln. Das ist für Betroffene, Angehörige und Fachleute gleichermaßen hilfreich.

Aber die Texte ermöglichen nicht nur ein besseres Verständnis des Borderline-Erlebens, für mich haben sie auch zwei weitere Botschaften. Zunächst: Du bist nicht allein mit deinem Erleben, anderen geht es ähnlich. Das bringt keine Heilung, aber tröstlich und hilfreich ist es trotzdem. Viele Betroffene haben mir berichtet, wie froh sie waren, als sie erstmals jemanden kennen lernten, der ihr Erleben sofort verstand. Die zweite Botschaft lautet: Veränderung ist möglich, teils mit therapeutischer Unterstützung, teils in Selbsthilfe, oft nur in kleinen Schritten, aber immerhin. Dabei geht es an keiner Stelle um leichtfertige Lösungen, sondern zumeist um eine neue Haltung sich selbst gegenüber, die es möglich macht, liebevoller mit sich und seinen Freunden und Bekannten umzugehen.

Ich möchte mich bei allen Autorinnen und Autoren sowie bei den vielen »Begleitern« dieses Buchprojektes herzlich bedanken, vor allem für das Vertrauen, das sie mir als Fachmann entgegengebracht haben. Mein Dank gilt auch Christiane, die dieses Buchprojekt über längere Phasen kritisch begleitet hat und deren Kommentare mich immer wieder zum Nachdenken gezwungen haben.

Konstanz, im Januar 2002
Andreas Knuf

WAS IST EIGENTLICH LOS MIT MIR?

DIE UNERKLÄRBARE KRANKHEIT

CHRISTIANE

»Ja, und was ist das, dieses Borderline?« Diese Frage wird mir häufig mit einem Unterton des Befremdens gestellt. Unter einer Depression meinen die meisten Leute sich etwas vorstellen zu können, schließlich sei doch jeder mal niedergeschlagen. Magersucht ist seit den Schlagzeilen aus diversen Königshäusern salonfähig und damit weniger exotisch geworden. Auch von der Schizophrenie glauben die meisten Menschen eine Vorstellung zu haben, auch wenn diese möglicherweise nur das medienvermittelte Bild des Sexualstraftäters enthält, der im Anfall geistiger Umnachtung Frauen oder Kinder ermordet, und zwar mit dem Ergebnis, als nicht schuldfähig in die Psychiatrie eingewiesen zu werden.

Über meine Erkrankung machen sich die Medien noch nicht einmal Gedanken. Zwar gibt es hin und wieder Sendungen zum Thema Suizidalität und in diesem Zusammenhang werden auch Selbstverletzungstendenzen hervorgehoben, aber die Erkrankung Borderline-Störung wird dabei nicht thematisiert, obwohl ich denke, dass ein Zusammenhang in vielen Fällen auf der Hand liegt.

Als ich in der Erwachsenenpsychiatrie das erste Mal die Diagnose »Borderline-Störung« bekam, war ich vor allem beleidigt. Das Einzige, was ich mir unter dieser Störung vorstellen konnte, war das Verhalten einer ehemaligen Mitpatientin aus der Kinder- und Jugendpsychiatrie, die hin und wieder Aggressionen an ihrer Umgebung ausließ, indem sie sich beispielsweise mit dem Pflegepersonal der Station prügelte. Sie war »borderline«.

So sollte ich nun also auch sein?! Diese Einschätzung meines behandelnden Arztes ging mir entschieden zu weit. Ich konn-

10

te und wollte keine Parallelen zwischen dieser Patientin und mir sehen, auch wenn ich sie durchaus nicht unsympathisch fand und wir uns in vielen Dingen sicher äußerst ähnlich waren.

Einige Tage ärgerte ich mich über diese Diagnose, dann äußerte ich dem Arzt gegenüber meinen Unmut. In der Visite erfuhr ich mehr über meinen neuen »Stempel«. Das Verhalten der Patienten mit dieser Krankheit sei sehr unterschiedlich, erklärte er mir, und nicht jeder gehe aggressiv auf sein Umfeld los, es gebe auch Patienten, die Aggressionen ausschließlich gegen sich selbst richteten. Na, das kannte ich ja von mir selbst. Ich schien also mehr ein »autoaggressiver Fall« zu sein. Vorstellen konnte ich mir unter der Erkrankung allerdings immer noch nicht viel.

Das änderte sich, als ich – unzufrieden mit den ärztlichen Erklärungen – das erste Fachbuch über meine Krankheit las. In diesem Buch wurde mein Verhalten ganz deutlich beschrieben. Heimlich und mit roten Ohren las ich Dinge über mich, die ich niemals anderen gegenüber zugegeben hätte. Ich war erleichtert, dass ich nicht die Einzige zu sein schien, die merkwürdige Wege wählte, um das Leben und den Alltag auszuhalten, aber es war mir auch peinlich, ich fühlte mich ertappt und durchschaut. Woher kannten die Autoren mein Erleben so genau? War ich wirklich ernsthaft krank, wie im Buch beschrieben? Manchmal hatte ich das Gefühl, doch nur ein gigantisches Theaterstück zu spielen, aus dem ich einfach nur aussteigen müsse, wenn ich wollte. Der Psychiatrieaufenthalt schien Teil des großen »Experiments« zu sein, das ich gerade selbst durchführte, ohne das Ziel zu kennen. Vielleicht simulierte ich nur und war eigentlich kerngesund? Ich war sehr unsicher, wo ich eigentlich stand und wie ich selbst zu meiner Erkrankung stehen sollte.

Bis heute gerate ich also immer wieder in die Verlegenheit, erklären zu müssen, was meine Krankheit ausmacht. Üblicherweise möchten meine Gesprächspartner eine kurze Schilderung der Symptome, die sie über alles ins Bild setzt. Beim Versuch, die Borderline-Störung zu beschreiben, stelle ich immer wieder fest, wie unerklärbar diese Krankheit eigentlich ist. Sie lässt sich nicht in zwei Sätzen beschreiben, weil sie zu komplex ist.

Ich wirke zu »normal«, um in das Klischee »verrückt« zu passen, auch wenn es in mir vermutlich »verrückter« aussieht als in den »Normalen«. Wenn ich nach außen auffälliger, richtig »verrückt« wirken würde, komische Dinge täte, wäre es für die anderen vielleicht leichter zu verstehen, warum ich Probleme habe, den Alltag zu bewältigen. Doch auf den ersten Blick bin ich einfach nur unauffällig, eben »normal«. Von Freunden etwa, die mich nach einer Erklärung für die Borderline-Störung fragen, unterscheide ich mich kaum. Das kann die Sache dann noch deutlich verkomplizieren, denn ich habe die Erfahrung gemacht, dass gerade Ähnlichkeit Angst macht und Abstand erzeugt. Deshalb muss ich nach »ungefährlichen« Parallelen im Erleben suchen, um meine Gesprächspartner »abholen« zu können, um einen Ausgangspunkt bei der Beschreibung zu haben, mit dem mein Gegenüber etwas anfangen kann. Davon ausgehend, kann ich dann vorsichtig versuchen zu erklären, was mein Erleben von dem Erleben der »Normalen« unterscheidet. Wenn ich nicht missverstanden werden will, muss ich mich in den anderen hineinversetzen und Entgegenkommen zeigen, über meinen Schatten springen und auch ungeschickte oder verletzende Fragen beantworten. Das erfordert eine Menge Toleranz, aber auch Fantasie, weil ich nur Vermutungen über das, was »normales« Erleben bedeutet, anstellen kann. Oft gelingt es mir nicht, anderen zu erklären, wie verletzlich ich bin und wie sehr ich meinen Stimmungsschwankungen unterworfen bin.

Wenn ich keine Lust habe, große Erklärungen über meine Krankheit abzugeben, »oute« ich mich nur als psychisch Kranke. Da ich sehr dünn bin, ist die nächste Frage meines Gegenübers meist, ob ich magersüchtig gewesen sei. Nur die Andeutung eines Nickens erspart mir eine Menge Erklärungen, denn mein Gegenüber meint alles über mich zu wissen. Manchmal ist das ganz praktisch.

Reaktionen meiner Umwelt haben mich vorsichtig gemacht, zu meiner Diagnose zu stehen. Bei professionell Tätigen ist mir das gesamte Spektrum der Einstellungen zu dieser Erkrankung begegnet: Interesse an den Symptomen und meinem Erleben wurde ebenso gezeigt wie offene Aggression und Abwertung meiner Person als Personifizierung dieser Störung.

Im Rahmen meiner therapeutischen Ausbildung habe ich gesehen, wie viel Angst das wenig Greifbare der Störung bei Schülern, aber auch bei vermittelnden Lehrern auslöst. Es blieb der Eindruck, dass »Borderliner« mit Vorsicht zu genießen seien. Schlimm genug, denn meine Mitschüler von gestern sind die Therapeuten von heute. Viel hilfreicher hätte ich es gefunden, den Umgang mit der eigenen Angst und Unsicherheit bei der Arbeit mit dieser Patientengruppe zu thematisieren, um zu zeigen, dass eben diese Gefühle auftauchen können, wenn man mit Borderline-Patienten arbeitet. In meinem Kurs wusste zu dem Zeitpunkt keiner, dass ich als »Borderlinerin« gelte, und ich hatte nicht den Mut, mich zu »outen«, weil eigene Erfahrungen grundsätzlich unerwünscht waren. Im Unterricht fühlte ich mich irgendwie wie eine Spionin, die das »feindliche Lager« der »Profis« belauschte, um herauszukriegen, mit welcher Taktik sie die »Borderliner« überlisten wollten.

»Borderliner« zu enttarnen, sie zu überführen, ihnen ihre »Schlechtigkeit« vor Augen zu halten ist eine Einstellung, mit der mir einige Profis begegnet sind. Ich fand das ziemlich unpassend und wenig hilfreich, weil ich selbst immer am meisten unter meinem eigenen Verhalten gelitten habe. Mir ging es jedenfalls nicht darum, die Profis persönlich zu ärgern, sondern sie waren diejenigen, die als Projektionsfläche dienten. Einige waren damit vielleicht überfordert. »Borderline« scheint in Fachkreisen auf jeden Fall oft negativ besetzt zu sein (was mich nach meiner Ausbildung nicht mehr in Staunen versetzt). In einer Ärztezeitschrift habe ich eine Empfehlung gelesen, »Borderliner« sofort weiterzuüberweisen, da sie sehr zeitaufwendig und kostenintensiv seien. Ob das dann die Kosten reduziert, wage ich zu bezweifeln.

Neulich hat mir meine Freundin mal wieder jemanden, den sie extrem schwierig und anstrengend fand, als »borderlinig« beschrieben. Das Wort dient als Abkürzung und soll alles ausdrücken, was zu beschreiben wäre. Ich weiß, was gemeint ist, aber trotzdem bleibt mir das Lachen im Hals stecken.

Ich finde es verletzend, wenn jemand behauptet, dass die Symptome meiner Erkrankung auf jeden zuträfen und die Diagnose immer dann gestellt werde, wenn die Psychiater nicht wissen, wo sie die Patienten einordnen sollen. Ich weiß, dass das nicht stimmt, trotzdem bleibt mir das Gefühl, nicht zur Gruppe der wirklich psychisch Kranken zugerechnet zu werden, sondern nur eine »Verlegenheitsdiagnose« zu haben. Wieder einmal gehöre ich nicht dazu, diesmal bin ich, wie es scheint, nicht psychisch krank genug. Was ist schon meine »Verlegenheitsdiagnose« gegen eine Schizophrenie?

Ich fühle mich persönlich angegriffen und abgewertet, vielleicht weil die Borderline-Störung zwangsläufig Teil meiner Identität ist. Ich glaube, dass es sich bei meiner Diagnose um mehr als nur eine »Krankenkassendiagnose« handelt, die die Abrechnung sicherstellt, aber nichts aussagt. Vielleicht fängt das Erklärungsproblem meiner Krankheit schon damit an, dass die Störung selten sofort klar diagnostiziert wird.

In der Fachliteratur als Grenzstörung zwischen Psychose und Neurose beschrieben, erlebe ich bis heute immer wieder, dass Ärzte oder Therapeuten mir neue Diagnosen zuordnen, obwohl ich die Borderline-Störung selbst als sehr zutreffend für die Beschreibung meiner Problematik halte. Wenn ich mir meine diversen Diagnosen in den Arztberichten ansehe, denke ich, dass sehr gut die verschiedenen Facetten der Krankheit deutlich werden: Anorexia nervosa, latente Suizidalität, Medikamentenabusus, Identitätsstörung, Bulimie, Essstörungen, Panikattacken, akute Suizidalität bei depressiver Entwicklung,

Laxantienabusus, Verhaltensstörung, psychogenes Erbrechen, Depression, multiple Suizidversuche, komplexe frühe Störung mit multiplen Symptomen und Beschwerden, multiple Schnittwunden, akute Belastungsreaktion, Psychose, Borderline-Störung, Posttraumatisches Belastungssyndrom, dissoziative Störung und schließlich Borderline-Persönlichkeit mit ausgeprägt autoaggressiver Tendenz bei Drogen- und Tablettenabusus, latenter Suizidalität und Bulimie. So lauten die medizinischen Umschreibungen für mein Erleben.

Ich selbst halte die Borderline-Störung für eine lebensgefährliche Erkrankung. Es hat für mich Zeiten gegeben, in denen ich nicht in der Lage war, meinen Alltag zu bewältigen, ohne eine Überdosis Tabletten oder Rasierklingen bei mir zu haben. Ich habe viele Stunden an Bahngleisen gestanden mit der Überlegung, meinem Leben ein Ende zu setzen. Ich habe versucht mir die Pulsadern aufzuschneiden und mich zu strangulieren. Der Gedanke, mein Leben beenden zu können, wenn ich das »Spiel des Lebens« nicht mehr aushalte, lässt mich letztlich überleben. Der Einsatz meines Lebens als Fluchtversuch aus der Verzweiflung oder um unbewusst Beziehungen auf ihre Tragfähigkeit zu testen hätte mit einem gelungenen Suizid enden können. Ich weiß, dass ich ohne die Psychiatrie heute nicht mehr leben würde.

Das »Verrückte« an der Beschreibung meines Erlebens der Borderline-Störung ist vielleicht, dass ich mich selbst nie als krank empfunden habe. Daher kann ich auch schwer sagen, ob ich jetzt gesund bin. Ich denke, dass mein Empfinden irgendwie anders war und ist als das der »Normalen«. Was den Unterschied macht, kann ich schwer erklären. Empfinden ist immer subjektiv. Vielleicht bin ich empfindlicher. Nicht »normal« ist wahrscheinlich, dass ich mir ein Leben ohne Angst nicht vorstellen kann. Ich habe wahnsinnige Angst vor Menschen und vor Situationen, in denen ich auf mich gestellt bin. Paradoxerweise bin ich gut an einem Arbeitsplatz, an dem ich den ganzen Tag über ständig neue Patientinnen und Patienten sehe, denen ich die Angst vor dem Erstkontakt nehmen und Sicherheit vermitteln muss. In meinem Freundeskreis gelte ich als kontaktfreudig und erstaunlicherweise gelingt es mir in kürzester Zeit, mit wildfremden Leuten ins Gespräch zu kommen und einiges über sie zu erfahren – und trotzdem habe ich unendlich viel Angst dabei.

Ich lebe mit einer ständigen Verlustangst und habe dabei Angst vor Nähe. Gleichzeitig suche ich mit größter Verzweiflung immer wieder Geborgenheit und Sicherheit. Leider ist das Einzige, was in meinem Leben sicher ist, dass nichts sicher ist. »Stabile Instabilität« nennen »meine« Profis das und für mich ist es eine Beschreibung des Chaos in meinem Innern, das mich immer begleitet. Oft bin ich verzweifelt über meine Stimmungswechsel. Innerhalb von Stunden kann ich von totaler Euphorie in absolute Hoffnungslosigkeit stürzen. Solche Zustände können sich im Lauf eines Tages mehrfach wiederholen und kosten unendlich viel Kraft. Wenn ich mich in einem Gefühlszustand befinde, habe ich keinerlei Zugriff auf anderes Erleben. Wenn ich verzweifelt bin, spüre ich nur die Verzweiflung und habe »vergessen«, dass es jemals wieder anders sein könnte. Geht es mir gut, kann ich mir nicht vorstellen, dass es mir irgendwann wieder schlecht gehen könnte.

Wenn ich ins Nichts, in die Hoffnungslosigkeit stürze, kann ich meinen Körper nicht mehr spüren. Mein innerer Schmerz ist überwältigend und ich habe das Gefühl, innerlich auszubluten. Es ist fast unmöglich, diesem Gefühl etwas entgegenzusetzen. Um wieder eine Vorstellung von den Grenzen meines Körpers zu bekommen, schneide ich mir mit Rasierklingen die Arme und manchmal den ganzen Körper auf. In der Klinik habe ich oft den Kopf gegen die Wand geschlagen und erst damit aufgehört, wenn mir das Blut übers Gesicht lief. Erst wenn ich den Schmerz spüre, gewinne ich langsam wieder Boden unter den Füßen.

Gerade die Selbstverletzungen sind ein Teil, den ich nur sehr zögerlich und allenfalls in »abgespeckter Version« erzähle, und gerade die Selbstverletzungen sind eigentlich der einzige Teil der Erkrankung, der für Außenstehende sichtbar ist. Die Frage, woher meine Narben stammen, kommt den wenigen Leuten, die sie sehen, weil ich sie vor ihnen nicht verstecke, zunächst noch leicht über die Lippen. Meine Antwort auf diese Frage wird meist mit sprachlosem Entsetzen und nicht ausgesprochenem Ekel aufgenommen. Ich schäme mich unendlich für die Narben auf den Armen, die meine »blauen Flecke auf der Seele« widerspiegeln.

Nicht nur meine Schmerzgrenze ist verschoben, auch meine Körpergrenzen kann ich oft nicht wahrnehmen. Deshalb geht es für mich immer wieder um das Thema Grenzen. Besonders deutlich ist dies während meiner Psychiatrieaufenthalte geworden. »Eingesperrt« auf der geschlossenen Station der Erwachsenenpsychiatrie habe ich gegen diese »Gefangenschaft« rebelliert, immer mit der Angst, wirklich in die »Freiheit entlassen« zu werden und den einzigen Rahmen, in dem ich mich in meinem desolaten Zustand orientieren konnte, verlassen zu müssen. Während dieser Zeit war es unendlich wichtig für mich, wenigstens im übertragenen Sinne festgehalten zu werden, auch wenn ich das zu dieser Zeit niemals hätte wahrhaben wollen. So habe ich auch die Fixierung in manchen Situationen als Sicherheit empfunden, weil sie mir eine ganz klare Information über Körpergrenzen und Gehaltenwerden geben konnte. Um gewaltsame Fixieraktionen zu vermeiden, habe ich mit dem Arzt und meiner Bezugsperson eine Absprache getroffen, nach der ich mich melden konnte, wenn ich mich dafür entschieden hatte, mich zu meiner eigenen Sicherheit freiwillig auf dem Bett festschnallen zu lassen. So sehr mich die Fixierungen, die gegen meinen Willen vorgenommen wurden, verletzt haben, so wichtig waren die freiwilligen Fixierungen für mich.

Vielleicht ist es typisch für meine Erkrankung, kontrollieren zu müssen, die Entscheidung für etwas selbst zu treffen. Gerade weil in meinem Leben viele Entscheidungen von anderen für mich getroffen wurden, geht es für mich immer wieder um Selbstbestimmung. Nach außen wirken meine Entscheidungen oft paradox. In der Psychiatrie habe ich viele Verhaltensmuster, mit deren Hilfe ich mein Leben bis dahin bewältigt hatte, noch einmal neu inszeniert. Ich habe »die Puppen tanzen lassen« und mit den Therapeuten »gespielt«, wenn sie mir keine klaren Grenzen aufgezeigt haben. Viele »Profis« waren wütend auf mich, andere hatten viel Verständnis. Ich denke, dass sie das Schwarz und Weiß meines Erlebens sehr genau gespiegelt haben. Wenn ich wieder einmal »erfolgreich« ein Team gespalten hatte, habe ich letztlich selbst am meisten darunter gelitten. Es war für mich die einzige Möglichkeit, meinem Selbsthass und meiner grenzenlosen Hilflosigkeit Ausdruck zu geben.

Ich lebe in einer ständigen Dissonanz. Auf der einen Seite funktioniere ich hundertfünfzigprozentig, andererseits bin ich ein »emotionales Wrack«. Am Arbeitsplatz kann ich Aufgaben zur vollen Zufriedenheit erfüllen, während ich mich gefühlsmäßig in vollkommen unterschiedlichen Altersstufen befinden kann, beispielsweise auf dem Stand eines Kleinkindes. So ist ein Irrtum in Zeit, Ort und Person oft vorprogrammiert und ich brauche unendlich viel Energie, um die Fassade trotz des inneren Chaos aufrechtzuerhalten. Ebenso viel Energie brauche ich, um die Arbeit zu erledigen. Verdränge ich die Gefühlsseite zu lange und gehe beispielsweise im Job ununterbrochen über meine emotionalen Grenzen, breche ich irgendwann vollkommen zusammen, bin nicht mehr in der Lage, Leistung zu bringen, und kann meinen Alltag nicht mehr bewältigen. Das passiert dann scheinbar aus »heiterem Himmel«, in Wirklichkeit kündigt sich diese Art der Erschöpfung aber lange Zeit vorher an.

Ich halte eine Menge aus, solange ich es schaffe, Verstand und Gefühle voneinander zu trennen. Das ist ein erstaunlicher

Mechanismus, der nahezu perfekt funktioniert, aber gerade das ist gefährlich. Wenn ich nur noch funktioniere, verschafft sich die andere Seite irgendwann Gehör und ich verliere die Kontrolle. Die einzige Chance, die ich habe, ist, Freiräume für die »unreife« Seite in mir zu schaffen, Zeiten zu haben, in denen jegliche Kontrolle über die Außenwelt wegfällt und ich die Konzentration ausschließlich auf meine Innenwelt richten kann. Suche ich mir diese Freiräume nicht, bricht irgendwann das gesamte System zusammen, dann funktioniere ich nicht mehr.

Was meine Erkrankung deutlich kennzeichnet, ist die Gestaltung von Beziehungen. Rückblickend kann ich immer gleiche, typische Beziehungsmuster erkennen. Meine Mitmenschen empfand ich in der Vergangenheit oft entweder als gut oder als böse. Schwarz und Weiß sind die »Farben«, die meinen Alltag auch heute noch weitestgehend bestimmen, wenn ich auch in den letzten Jahren gelernt habe, dass menschliches Verhalten auch für mich in Grautönen wahrnehmbar ist. »Typisch Borderline« ist an mir sicher, dass ich so gut wie kein Vertrauen in andere Menschen haben kann. Aus Angst, fallen gelassen zu werden, verlasse ich beispielsweise therapeutische Beziehungen, wenn ich nur erahne, dass der Therapeut mich an die »frische Luft« setzen könnte, oder wenn die Konfrontationsphase in der Therapie unmittelbar bevorsteht und ich zu dicht an »gefährlichen« Themen bin. Allerdings ist mein Selbsterhaltungstrieb durchaus stark genug, mich vorher nach einer neuen therapeutischen Beziehung umgesehen zu haben, um nicht allein dazustehen, denn Alleinsein würde mich umbringen. Noch heute ist es für mich eine Katastrophe, wenn meine Therapeutin in den Urlaub fährt. Dass ich sie jemals wiedersehen werde, kann ich mir kaum vorstellen, auch wenn mir rational klar ist, dass die nächste Therapiestunde sicher stattfinden wird. Lange Zeit waren Leute, die nicht in Sicht- oder Hörweite waren, für mich nicht existent. Aus diesem Grund konnte ich es nicht ertragen, allein zu sein, weil ich dabei das Gefühl hatte, von allen verlassen, allein auf der Welt zu sein, ohne zu wissen, ob sich dieser Zustand jemals ändern könnte.

Um dieses Alleinsein zu verhindern, besuchte ich teilweise mehrere therapeutische Anlaufstellen parallel. Viele Wochenenden habe ich mit stundenlangen Telefonanrufen beim Krisendienst irgendwie überstanden. Ich war bereit, jedem Profi am Telefon Auskunft über meine Lebens- und Krankengeschichte zu geben. Es war überlebenswichtig für mich, Kontakte zu haben. Das Telefonkabel – für mich die Nabelschnur zur Welt. Viele hielten mich für einen »interessanten Fall« und schon bald habe ich mich nur noch auf meine Krankengeschichte reduziert. Im Rückblick finde ich das erschreckend und es ist mir äußerst peinlich.

Oft war ich wochenlang sozusagen »chronisch suizidal«. Teilweise habe ich nur für die nächste Therapiestunde gelebt. Es gab Orte, an die ich einfach nicht gehen durfte, weil ich genau wusste, dass ich dort der Versuchung, mich umzubringen, nicht würde widerstehen können. Oft ging es während meiner Psychiatrieaufenthalte und später auch in Kontakten mit dem Krisendienst und Therapeuten um stündliche Absprachen darüber, dass ich mich nicht umbringen werde bis zum nächsten Kontakt.

»Meine« Profis haben es nicht leicht gehabt mit mir und mehreren ist unterwegs die Puste ausgegangen. Noch heute ist die Nennung meines Namens für einige ein Reizwort. Während meiner Psychiatrieaufenthalte habe ich mehrere Teams gespalten und mit Vorliebe »dünne Bretter« – Praktikanten oder Schüler – »angebohrt«. Dabei war es erstaunlicherweise so, dass diese oftmals besser als die Profis mit mir klarkamen, gerade weil sie mir mit wesentlich weniger professionellem Abstand, dafür aber mit Neugier und Interesse entgegenkamen. Ich denke, sie boten mir gute Identifikationsmöglichkeiten, da sie meist ungefähr in meinem Alter waren und viele Interessen sich ähnelten. Die Gespräche hatten oft kameradschaftlichen Charakter und ich hatte für kurze Zeit das Gefühl, doch noch mitreden zu können und nicht so weit vom »normalen« Leben entfernt zu sein, wie ich gedacht hatte.

Bis heute ist sicher ein Kennzeichen meiner Erkrankung, dass ich täglich gegen den Wunsch nach Regression anarbeiten muss. Gerne möchte ich mich verkriechen oder fallen lassen, versorgt werden und zwischendurch einmal nicht kämpfen müssen. Oft wünsche ich mich auch jetzt noch in die Psychiatrie zurück, nur um noch einmal die Verantwortung für mich, an der ich manchmal ganz schön schleppe, wenigstens teilweise abgeben zu können.

In dem Rahmen, in dem »normale« Menschen sich anvertrauen und fallen lassen, habe ich mich immer unter Kontrolle. Niemals würde ich meinem Alltagsumfeld meine Verzweiflung zumuten. Ich denke, dass Freundschaften nicht unendlich belastbar sind und an meinen inneren Abgründen zerbrechen könnten.

Ich weiß, dass meine Eltern froh sind, dass ich wieder »normal« bin, und wage es nicht, an diesem Bild zu rühren. Meine Krankheit ist zum Tabuthema geworden, wir haben zu Hause niemals darüber gesprochen. Offen miteinander zu reden, über ungefährliche Konversation hinauszugehen, würde bedeuten, dieses Tabu zu brechen. Von meinen Eltern würde dadurch plötzlich verlangt, sich ihrer Verstrickung in meine Problematik zu stellen. Sicher würden Parallelen zwischen uns deutlich und Familienähnlichkeit würde nicht nur in »normalen«, sondern auch in »verrückten« Anteilen sichtbar werden. Die Vergangenheit hat gezeigt, dass der Versuch, miteinander ins Gespräch zu kommen, zu einer sinnlosen Aneinanderreihung von Schuldvorwürfen wird.

Ich halte mich selbst für die Symptomträgerin eines »verrückten« Familiensystems. Mein Vater hat die Flucht in die Arbeit gesucht, meine Mutter ist ständig krank und mein Bruder hat sich dem direkten Zugriff der Familie entzogen. Als schwächstes Glied in der Kette bin ich am familiären »Wahnsinn« psychisch krank geworden, überfordert mit der Aufgabe, das sensible Familiengleichgewicht in der Waage zu halten. Mit Sicherheit war ich ein problematisches Kind und meine Eltern waren sehr unsicher und hatten Angst, Fehler in der Erziehung zu machen. Daher haben sie mich schon im Vorschulalter bei der Erziehungsberatungsstelle »abgeliefert«, um der alleinigen Entscheidung im Umgang mit mir enthoben zu sein. Für mich ist die Information geblieben, dass man sich bei Problemen an Fachleute wenden sollte. Deshalb sind die »Profis« meine Adressaten.

Vielleicht haben sie weniger Angst vor meinen Abgründen, vielleicht haben sie mehr Abstand, weil sie nicht in mein soziales Umfeld verstrickt sind. Ich bin froh, dort nicht erklären zu müssen, dass mein Leben als »Borderlinerin« anstrengend ist, dass es Dauerstress bedeutet, zwischen sich widersprechenden Gefühlen und rationalen Überlegungen die Balance zu halten. Die Fachleute wissen darum und sind bereit, mit mir die Traurigkeit und Verzweiflung auszuhalten, die ich meinen Eltern niemals zumuten würde, weil wir uns inzwischen viel zu fremd geworden sind.

Die hier beschriebenen Facetten meines Erlebens sind mein Versuch zu erklären, was dieses »Borderline« ausmacht. Für mich gehört die Diagnose zu meiner Identität, und ich bin nicht sicher, ob ich damit einverstanden wäre, wenn sie mir genommen würde. Ich weiß nicht, woran ich erkennen könnte, dass ich nicht mehr »borderline« bin.

Ich habe gelernt, meine Reaktionen auf Alltagsprobleme mit denen meiner »normalen« Mitmenschen zu vergleichen. Spannend finde ich, dass diese Menschen unterschiedlich reagieren. Personen, die um meine Vergangenheit wissen, erklären mein Verhalten oft als »typisch Borderline«. Die »Unwissenden« bestätigen dasselbe Verhalten als angemessen, erklären oft, dass sie ähnlich gehandelt hätten.

Mein Fazit ist, letztlich meine Vergangenheit so weit wie möglich geheim zu halten, um an den Reaktionen der »Normalen« auf mich ablesen zu können, wie nah ich am »normalen Leben« bin, zu dem ich nie wirklich das Gefühl habe dazuzugehören. »Borderlinerin« zu sein bedeutet für mich Zuschauerin zu sein und mein »Doppelleben« so zu organisieren, dass ich auf der Grenze zwischen meiner Innenwelt und der Außenwelt stehen kann, ohne dass Vergangenheit und Gegenwart durcheinander geraten.

Fühlen und Handeln –
Was ist »Borderline«?

Die Borderline-Störung ist eine nur schwer zu fassende Krankheit. Betroffenen fällt es häufig schwer, zu beschreiben, was an ihnen eigentlich »borderline« ist; aber auch Psychologen und Ärzte haben ihre große Mühe damit.

Seit den achtziger Jahren gibt es diagnostische Kriterien, anhand derer Fachleute eine Borderline-Erkrankung diagnostizieren. Mittlerweile gibt es neun solcher Kriterien, von denen mindestens fünf erfüllt sein müssen, um eine »Borderline-Störung« diagnostizieren zu können. Aber auch diese Aspekte klingen in wissenschaftlichen Fachbüchern sehr theoretisch bzw. konstruiert – weit ab vom tatsächlichen Erleben der Betroffenen. Wir haben hier versucht diese wissenschaftlichen Kriterien mit »Leben« zu füllen, indem neun Betroffene ganz konkret von ihrem Erleben und Fühlen berichten.

Diese Diagnosekriterien entstammen dem so genannten Diagnostischen und Statistischen Manual (DSM IV). Sie eignen sich nicht zu einer Selbstdiagnose, denn es sind Erlebnisweisen, wie sie sehr viele Menschen in milder Ausprägung durchaus kennen. Erst ihre Intensität und ihr gemeinsames Auftreten machen sie zu einer Erkrankung.

Gegen die lähmende Taubheit

Was aber, wenn jemand nicht allein sein kann?

Ich hatte mehrere Jahre mit diesem Thema zu tun und kann nur sagen, dass es sehr ermüdend war, nicht nur für mich, sondern auch für mein Umfeld. Wie oft habe ich des Nachts bei einem Freund angerufen und ihm erzählt, dass ich es mit mir allein nicht aushalte.

Fast immer bekam ich dann das Angebot, mit meinem Schlafsack zu ihm kommen zu dürfen, und ich machte mich mit dem Fahrrad in der Dunkelheit auf den Weg. Er erwartete mich meist schon in der Tür und kurz darauf saßen wir zusammen am Küchentisch. Nie war er genervt oder verärgert über die späte Störung. Gleichwohl wusste ich, wie strapazierend meine unangekündigten Besuche sein mussten. Und weil ja Beziehungen nicht endlos belastbar sind, fragte ich mich, wie anstrengend ich denn sein darf? Ich war beschämt, denn ich selbst empfand diese Hilferufe von mir als äußerst rücksichtslos, zumal ich wusste, dass er am Morgen zum Frühdienst rausmusste.

Andernorts war ich nicht selten auf Unverständnis gestoßen, wenn ich mitteilte, die nächste Nacht allein nicht zu überstehen. »Aus dem Alter müsstest du doch allmählich raus sein«, bekam ich hören, und meine Bitte, dort übernachten zu dürfen, wurde abgelehnt. Dabei graute mir ja nicht wie vermutet vor dem Kellergeist oder Ähnlichem. Aber wie sollte ich erklären, dass ich Angst hatte, mich in mir zu verlieren?

Deshalb und weil ich verhindern wollte, in ein noch stärkeres Abhängigkeitsverhältnis zu rutschen, suchte ich nach einer anderen Überlebensstrategie.

Ein nahe liegender Schritt war es, in eine Wohngemeinschaft zu ziehen. Aber auch dort nahmen die Mitbewohner gelegentlich Reißaus, um in Urlaub zu fahren. Zuweilen arbeitete ich dann in der Krankenpflege und schob eine Nachtwache nach der anderen, um mich nicht mit mir auseinander setzen zu müssen.

Ich muss zugeben, das war ein sehr unstetiger Lebenswandel, und ich fand mich bald in einem Zustand völliger Erschöpfung wieder. Zudem handelte es sich bei den erwähnten Beispielen ja auch leider nur um ein Vermeidungsverhalten, das an meiner grundlegenden Problematik nichts änderte. Nach wie vor war ich auf der Flucht vor mir selbst und nirgendwo zu Hause.

Was aber ist am Alleinsein nicht auszuhalten?

Lange fehlte mir der Antrieb, mich mit dieser Frage auseinander zu setzten. Heute habe ich verstanden, dass ich Leben um mich brauchte, wenn schon kein Leben in mir war. Kaum war ich allein, sah ich mich einer dunklen inneren Leere ausgesetzt, einem »Gefühl der Gefühllosigkeit«. Es ist schwer, diesen Zustand zu erklären. In mir wohnte eine lähmende Taubheit, von der mich nur die Anwesenheit anderer ablenken konnte.

Hinzu kommt, dass ich mehrmals erfahren hatte, wie Menschen sich von mir verabschiedeten und nicht mehr wiederkehrten. Damals habe ich den bodenlosen Fall erlebt, wenn keiner da ist, um einen aufzufangen. Noch heute habe ich eine absurde Angst (absurd deshalb, weil ich inzwischen durchaus gute soziale Kontakte habe) vor dem Gefühl des Verlassenseins und fühle mich unverhältnismäßig einsam, wenn ich nur ein paar Augenblicke mit mir allein bin.

Trotzdem war ich lange nicht sehr um menschliche Nähe und Gespräche bemüht, ich wollte lediglich Menschen um mich wissen. Hinderlich, jemanden kennen zu lernen, war nämlich der Gedanke, dass sich dieser Jemand ja doch alsbald wieder von mir abwenden würde. Und erneut diese schmerzlichen Folgen ertragen ... das wollte ich nicht. Deshalb zog ich für mich den traurigen Schluss, mich gar nicht mehr auf andere einzulassen, und brachte mich so um jegliche Art von zwischenmenschlichen Beziehungen. Isoliert und allein unter vielen hielt ich mich dann nachts zunehmend am Flughafen auf, wo noch genug reges Treiben herrschte, um mich zu halten. Ich klammerte mich an die Geräusche in der Wartehalle und fixierte die Lichter auf dem Rollfeld, um mein Gesicht nur nicht in mich kehren zu müssen.

Aber kann man das Alleinsein wieder lernen? Ich behaupte mal, dass es mit Hilfestellungen möglich ist.

KATRIN

Nach dem DSM IV heißt das entsprechende Diagnosekriterium: »Verzweifeltes Bemühen, tatsächliches oder vermutetes Verlassenwerden zu vermeiden«. ✓

DU BIST MEIN ZENTRUM

Es gibt doch tatsächlich Menschen, die sich für meine Person interessieren. Das schien und scheint mir immer noch oft einfach unverständlich. Ich frage mich, was sie wohl von mir wollen. Ich traue dem Ganzen dann nicht so recht. Aber wenn ich selbst etwas Besonderes in dieser Person entdecke, gebe ich meistens, und zwar doch kurz bevor sie aufgeben will, etwas von mir preis. Und dann Schritt für Schritt immer ein bisschen mehr, bis sie voll und ganz in mein Leben eingebunden ist. Danach allerdings will es nicht mehr in meinen Kopf, dass sie auch noch ein Leben neben dem mit mir hat. Am liebsten hätte ich, dass sie nur noch für mich da ist. Ich habe dann das Gefühl, ohne das Verständnis, das Mitgefühl, die Aufmerksamkeit dieser Person nicht mehr leben zu können. Ich bin emotional völlig abhängig von ihr.

Meistens kreisen ab einem bestimmten Zeitpunkt meine Gedanken nur noch um diese Person: Wie kann ich noch mehr Aufmerksamkeit von ihr bekommen? Wenn sie nicht da ist, überlege ich, was sie wohl gerade macht. Aber eigentlich fühle ich mich dann nur leer. Nur diese Person kann die Leere noch ausfüllen. Wie es mir geht, hängt nur von ihr ab. Ist sie da, ist fast alles gut. Ist sie es nicht, scheint gar nichts mehr zu funktionieren. Alles, was ich tue, hängt mit ihr zusammen. Ich mache im Grunde alles nur noch für diese Person. Jede Aktivität basiert auf ihrem vermuteten Einverständnis.

Ich will Aufmerksamkeit um jeden Preis, wenn es sein muss auch mal mit schärferen Mitteln wie Alkohol, Medikamenten oder Selbstverletzungen. Aber damit überfordere ich natürlich so sehr (was mir zu dem Zeitpunkt allerdings nicht so ganz klar ist), dass diese Menschen mir irgendwann Grenzen setzen müssen. Doch dann bin ich bitter enttäuscht.

So war es bisher immer. Wenn erst mal die Enttäuschung da war, fiel das Ideal ziemlich schnell in sich zusammen. Binnen weniger Stunden konnte ich die Person so stark abwerten, dass ich absolut nichts mehr mit ihr zu tun haben wollte. Mir fielen dann plötzlich etliche negative Eigenschaften ein. Die positiven waren wie ausgelöscht oder zählten einfach nicht mehr. Die Person hatte mir Schmerzen zugefügt, weil sie doch nicht so perfekt war, wie ich es mir vorgestellt hatte, und es galt sie loszuwerden. Ich war dann rasend vor Wut. Sie durfte nicht mehr zu meinem Leben gehören!

Meist ging der Abwertungsprozess zu schnell, als dass er mir sofort bewusst werden konnte. Ich war zu sehr in mein Gefühlsleben verwickelt und konnte kaum Abstand bekommen. Erst etwas später merkte ich, dass dort ein tiefes Loch entstanden war, das diese Person zuvor ausgefüllt hatte. Dann war es höchste Zeit, dass jemand anderes mir diese Aufmerksamkeit schenkte.

Aber es gab auch Menschen, bei denen ich nicht in der Lage war, sie so abzuwerten. Ich hätte es nicht ertragen, das Perfekte zu zerschlagen. Die Konsequenz daraus war, dass ich mich selbst abwertete. Ich war dann schuld, dass die Person mich nicht mochte, mir keine Aufmerksamkeit schenken wollte. Ich war böse. Auf diese Weise war und ist die Person die ganze Zeit präsent in meinen Gedanken, verfolgt mich teilweise, lässt mich nicht zur Ruhe kommen.

Solche intensiven Beziehungen wechselten meistens einander ab, aber es kam auch vor, dass sie parallel existierten.

Erst vor kurzem habe ich festgestellt, dass dieses Auf und Ab von Gefühlen wahnsinnig anstrengend ist, die ganze Energie nimmt und mich vermehrt in tiefere Krisen stürzt. Also halte ich mich jetzt von jeglichen tieferen Beziehungen fern. Es gibt nur noch einige lockere Freundschaften. Auch wenn ich mir diese intensiven Beziehungen manchmal zurücksehne, lebe ich ohne sie einfach besser.

Beziehungen jeglicher Art waren bei mir fast immer von kurzer Dauer, vor allem die intensiven. Sobald ich Vertrauen zu einer Person gefasst hatte, hatte ich mich sehr schnell und sehr weit »reingehängt«. Ich öffnete mich und dementsprechend erwartete ich eine Gegenreaktion. Ich ließ diese Person teilhaben an meinem Gefühlsleben, aber es dauerte nicht lange und es war keine Steigerung mehr möglich. Zu dem Zeitpunkt stellte meine Vertrauensperson die Grenzen auf und ich ließ die Beziehung dann ganz schnell zerplatzen.

Ich habe erkannt, dass ich die Energie, die ich sonst in diese Beziehungen gesteckt habe, brauchte, um meinen Alltag zu meistern, mein Studium. Gefühle sind zurzeit mein Untergang. Also vermeide ich sie.

LESLIE

Nach dem DSM IV heißt das entsprechende Diagnosekriterium: »Muster instabiler, aber intensiv zwischenmenschlicher Beziehungen, gekennzeichnet durch den Wechsel zwischen Idealisierung und Entwertung«.

DIE ACHTERBAHN HÄLT NIEMALS AN

Schon in meiner Jugend wusste ich nicht, was meine Wünsche bezüglich meiner beruflichen Laufbahn oder persönlicher Vorlieben waren. Ich fühlte mich nicht verbunden mit meinem Körper; es war so, als ob ich ständig neben mir stehen würde. Ständig hatte ich das Gefühl, im Raum zu schweben, ohne festen Halt unter den Füßen.

Ich habe keine oder nur geringe Möglichkeiten, eigene Grenzen zu setzen; bei mir selbst nicht und auch nicht bei anderen. Mein Selbstbild ist starken Schwankungen unterworfen, mal finde ich mich ganz in Ordnung und dann wieder bin ich nichts wert. Es ist so, als ob ich in zwei Teile gespalten wäre und der jeweils vorherrschende Teil nichts mehr von dem anderen Teil weiß. Zwar weiß ich verstandesmäßig, dass es auch andere Zustände gibt, aber ich kann sie in diesen Augenblicken gefühlsmäßig nicht mehr nachvollziehen. So reagiere ich manchmal völlig erwachsen und gesund und im nächsten Augenblick bin ich das kleine hilflose Kind, das völlig zusammenbricht. Manchmal wechselt dies innerhalb von Stunden.

Hinzu kommt, dass ich bei der sexuellen Orientierung bis heute noch nicht sicher bin, in welche Richtung die geht. Ich weiß nicht, ob ich lesbisch bin und damit vielleicht die Möglichkeit habe, doch noch etwas körperliche Nähe zu einem anderen Menschen zu entwickeln oder ob auch das nicht geht. Ich habe es auch noch nie ausprobiert. Mit Männern kann ich mir eine Beziehung nur auf der rein freundschaftlichen Ebene vorstellen, also ohne Körperkontakt. Obwohl sich auch das manchmal ändert. Ich bin seit Jahren schon nicht in der Lage eine Beziehung zu führen, weder in die eine noch in die andere Richtung. Sexualität verbinde ich eigentlich immer mit Gewalt. Das führt zu ständiger Selbstisolation, und die wiederum zu Depressionen, Selbstverletzungen und Selbstmordversuchen. Versuche ich aber eine Beziehung zu führen, stellen sich massive Ängste und Fluchttendenzen ein.

Langfristige Ziele habe ich nicht, vor allem bin ich nicht in der Lage etwas langfristig durchzuhalten, weil sich meine Ansichten ständig ändern. Dies trifft sowohl für den beruflichen Bereich zu als auch für Freizeitaktivitäten, für alles, was mir Spaß machen könnte, für die Wahl meines Wohnortes (bin in meinem Leben schon sehr oft umgezogen) und für Kontakte zu anderen Menschen. Ich flattere wie ein Schmetterling von einem zum anderen. Erst bin ich Feuer und Flamme für alles, aber das schlägt nach sehr kurzer Zeit ins Gegenteil um und ich suche mir wieder etwas Neues, wobei ich dann fest davon überzeugt bin, dass dies jetzt das Richtige ist, bis es schon bald darauf nicht mehr interessant erscheint.

Bei Freunden wähle ich nicht bewusst, wer zu mir passen könnte, sondern ich lasse mich einfach »befreundschaften«, das heißt, ich merke immer erst viel zu spät, ob jemand zu mir passt oder nicht, und dann kann ich mich nur mit radikalem Beziehungsabbruch aus der Situation befreien. Auch meine persönlichen Wertvorstellungen hängen sehr davon ab, ob diese auch die Zustimmung der anderen finden. Es fällt mir sehr schwer, einen eigenen Standpunkt zu vertreten, weil auch dieser ständig wechselt. Es ist so, dass ich in meinem Inneren auf keine stabile Struktur zurückgreifen kann, die mir helfen könnte mein Gleichgewicht aufrechtzuerhalten. Ich bin sehr auf Stützen von außen angewiesen, die mir ganz konkret Hilfestellungen geben müssen (etwa wie ich meinen Tagesablauf strukturieren kann), wenn innerlich mal wieder alles zusammenbricht. Ich bin dann wie ein Kind, das ohne die Hand der »Mutter« ins Bodenlose stürzt. Es ist eigentlich ein Leben auf einer ewigen Achterbahn, auf der der Zug niemals anhält.

Momo

Nach dem DSM IV heißt das entsprechende Diagnosekriterium: »Identitätsstörung: ausgeprägte und andauernde Instabilität des Selbstbildes oder der Selbstwahrnehmung«. ✓

31

Wie kann ich beschreiben, was in mir vor sich geht? Weshalb ich mich voll fresse, bis mir schlecht wird, und dann erst recht noch mal an den Kühlschrank gehe? Weshalb ich meine finanzielle Existenz schon mehrmals verspielt habe? Wie kann ich dieses Chaos, das da in meinem Kopf vorgeht, in einem kurzen Bericht über selbstschädigende Aktivitäten darstellen? Ich möchte verstanden werden, denn nur dann wäre es nachzuvollziehen, was ich tue – was ich tun muss. Es ist ein Muss, um meinem inneren Gefühlschaos ein Ablassventil zu geben. Um nicht zu platzen vor Wut. Um wenigstens ab und zu mal etwas vom »normalen« Leben abzubekommen. Um zu überleben.

Ich habe 150.000 DM Schulden, habe eine Unterschlagung begangen, meine Arbeitsstelle verloren, Geld geliehen und nicht zurückgezahlt, auf laufende Leistungen beim Arbeitsamt mit abenteuerlichen Geschichten Vorschuss abkassiert ... Aber auf all das bin ich nicht stolz! Nach jedem Neuanfang habe ich wieder und wieder mit dem Spielen angefangen, obwohl mir die Folgen durchaus bewusst waren.

Ich habe mit exzessivem Sport und mit Selbstverletzungen meinen Körper so weit demoliert, dass ich heute auf den Rollstuhl angewiesen bin. Aber ich würde es genauso wieder machen, nur um mich und meinen Körper mal zu spüren, um zu wissen: Ich bin da. Seit meinem 12. Lebensjahr wusste ich, dass ich mich körperlich ruinieren würde, aber ich konnte nicht aufhören.

Seit ein paar Tagen kann ich schon wieder nicht aufhören zu essen; mir ist schlecht und dieses Durcheinander tut meinem sowieso schon geschundenen Magen nicht gut, gar nicht gut. Aber ich muss etwas tun, laufe, nein, rolle ständig in meiner Wohnung zwischen Küche und Wohnzimmer hin und her. Und halte wieder etwas zu essen oder zu trinken in der Hand – im Minutentakt.

Nächstes Wochenende bekomme ich Besuch, ob das der Grund ist? Möglich, es wird Nähe zu Menschen aufkommen, reale Nähe. Damit kann ich nichts anfangen. Ich habe Angst, obwohl ich weiß, dass ich vor den Menschen keine Angst haben muss. Aber es ist die Nähe, die mich schon jetzt erdrückt. Trotzdem möchte ich Besuch, denn ich will nicht immer nur Nein sagen, will auch mal wie andere mit jemandem reden können, Kontakt haben, ein bisschen zumindest. Ich zahle einen hohen Preis dafür: Fressen und Spielen. Schon am 3. des Monats habe ich in solchen Situationen 50 Prozent meines Geldes für den ganzen Monat verspielt und weiß nicht, wovon ich die Wochen leben soll. Lange war auch Alkohol im Spiel, aber heute kann ich zumindest das kontrollieren.

Schon seit 38 Jahren praktiziere ich dieses Verhalten. Ich habe es meistens verstecken können, diese Seite von mir kennen nur ganz wenige Menschen. Ich kenne zwar zumindest einige der Gründe für mein Verhalten und doch kann ich nicht anders. Ich bestrafe mich dafür, dass ich lebe, dafür, dass ich atme, dafür, dass ich mir manchmal gestatte »normal« sein zu wollen. Ich bin es nicht wert, dass mich Menschen mögen, und doch ist die Sehnsucht danach sehr groß. Wo aber ist der Schalter, der solches Verhalten einfach ausschaltet? Ich habe ihn nie gefunden.

ERIKA

Das DSM IV sagt dazu: »Impulsivität in mindestens zwei potenziell selbstschädigenden Aktivitäten wie Geldausgeben, Sexualität, Substanzmissbrauch, rücksichtsloses Fahren, Fressanfälle«.

EV/E
M

Ich war 12 Jahre alt, als ich anfing, im Unterricht mit der Spitze meines Zirkels Ornamente in die Tischplatte zu ritzen – und in meinen Arm. Ich glaube nicht, dass ich in diesem Alter hätte benennen können, warum ich das tat. Es war einfach ein Drang, dem ich nachgeben musste. Auf eine bestimmte Art und Weise tat dieser brennende Schmerz mir sogar gut. Was mir wirklich gut tat, war, dass dies ein Schmerz war, den ich kontrollieren konnte. Es stand in meiner Macht, ihn zu beenden. Setzte ich die Spitze auf meine Haut, begann der Schmerz. Und nahm ich die Spitze wieder weg, hörte auch der Schmerz auf. Das konnte ich von dem Schmerz, der *in* mir war, nicht behaupten.

Etwa zwei Jahre später ging ich dazu über, meine Arme zu schneiden. Ich nahm Messer, Rasierklingen, Scherben. Über einige Monate hinweg tat ich es beinahe jeden Tag. Ich tat es, um mich zu bestrafen. Dafür, dass ich da war. Dafür, dass ich ich war. Ein Teil von mir war der Meinung, ich verdiene Strafe dafür, dass ich es nicht schaffte, jemand zu sein, den meine Mutter hätte lieben können. Ich tat es auch, um mich zu spüren. Zu spüren, dass ich da war, dass ich existierte, ähnlich vielleicht jemandem, der sich in den Arm kneift, um sich zu versichern, wach zu sein.

Manchmal hab ich es auch deshalb getan, damit irgendjemand es sehen möge. Meine Mutter würde es vielleicht sehen. Und dann würde sie mich vielleicht ansehen, mit einem besorgten Blick, und würde fragen, was passiert sei. Und ich würde wissen, dass ich ihr – oder irgendjemandem – vielleicht doch ein bisschen wichtig wäre, dass sich einfach jemand kümmert, dass *ich* jemanden kümmere. Vielleicht würde ich sogar umarmt und gehalten werden. Aber es hat niemals jemand gesehen. Niemand hat es sehen wollen. Und so hat sich auch keiner gekümmert. Niemand hat gefragt. Niemand hat sich Sorgen gemacht. Irgendwann schließlich war ich sicher, dass es niemand auch nur bemerken würde, wenn ich tot wäre. Es würde niemanden schmerzen, wenn ich tot wäre. Und mich schmerzte das Leben. Ich begann, meinen Tod zu planen. Als ich mich bereit fühlte, schnitt ich mir die Pulsadern auf. Ich war 14. Aber ich wusste nicht, dass man, um überhaupt eine Chance zu haben mit dieser Methode »erfolgreich« zu sein, längs und nicht quer schneiden muss.

Inzwischen bin ich 25 Jahre alt. Den Drang, mich selbst zu verletzen, hatte ich all die Zeit. Und manchmal habe ich Zeiten, in denen ich ihm nachgebe. Ich nehme ein stumpfes Küchenmesser, denn es soll nicht bluten, es soll wehtun, wirklich wehtun. So weh, wie der innere Schmerz, auf den ich in solchen Momenten glaube kein Recht zu haben. Auf den körperlichen Schmerz habe ich ein Recht. Er ist real. Und er rechtfertigt meine Tränen.

Ich habe seit damals keinen Versuch mehr unternommen, mich selbst zu töten. Aber auch heute gibt es immer wieder Zeiten, in denen mir der Gedanke daran nahe liegt, in denen ich an den Tod als an eine Erleichterung denke. Manchmal ist meine Sehnsucht so groß, dass meine Gedanken für eine Weile – ein paar Stunden oder Tage vielleicht – nur noch um dieses Thema kreisen, und ich beginne mir auszumalen, wie ich »es« vollbringen könnte.

Erzählt habe ich niemals jemandem von diesen Gedanken. Ich denke, würde ich das irgendwann einmal tun, wäre ich wohl eine von denen, über die dann alle sagen: »Ich verstehe das nicht. Sie hatte doch ein glückliches und erfolgreiches Leben; nie hätte ich vermutet, dass sie so etwas tun würde.«

SANDRA

Ich merke, wie der Druck in meinem Körper langsam aufsteigt, vergleichbar einer Hitzewelle, breitet er sich in mir aus. Immer mehr spüre ich die Nervosität, die aus meinem Inneren heraus bis in meine Fingerspitzen fährt. Fast automatisch reiben sich meine Finger aneinander, mit einem Druck, als ob ich mich spüren wollte. Mein Körper beginnt zu zittern, das Denken fällt mir schwer. Noch versuche ich mich zu beruhigen, klammere mich an der Hoffnung fest. »Diesmal kommt es nicht dazu ... diesmal verletze ich mich nicht ...!«

Ich versuche mich an diesem Gedanken festzuhalten, festzuklammern, doch ständig wird er von der Angst begleitet, dem Druck nicht standhalten zu können. Die Angst wird größer, das Gefühl stärker, bis ich fast weiß: Doch, es wird passieren. »Bitte nicht. Warum nur?« Gedanken , so viele Gedanken ... Bewegungen des Körpers, ich wippe hin und her. Ich muss weinen, bin verzweifelt. Instinktiv zieht sich mein Körper zusammen, ich versuche mich anders zu spüren, mich zu umarmen, zu wissen, ich bin noch da.

Doch ich entziehe mich immer mehr der Realität, was gleichzeitig bedeutet, die Stärke zu verlieren, dagegen anzukämpfen. Die Bewegungen meines Körpers werden immer schneller, ich wippe vor und zurück, vor und zurück. »Warum hilft mir keiner? Warum bin ich allein?« Alles um mich herum entschwindet immer mehr, als würde mein Innerstes nur noch auf eins hinarbeiten. Doch ich will es nicht, noch nicht. Nein, es ist noch nicht so weit, es darf noch nicht so weit sein.

Meine Gedanken scheinen sich aufzuteilen – in Gut und Böse? In zwei Stimmen? Die eine drängt mich: »Tu es, du willst es doch, dann ist alles wieder gut«, während die andere, die immer schwächer zu werden scheint, versucht die letzte Möglichkeit an Kraft auszuschöpfen. Doch sie wird immer leiser und leiser ... bis sie verschwindet.

Ich beginne mich am Arm mit meinen Fingernägeln zu kratzen. Erst ganz langsam und irgendwie noch kontrolliert, doch schnell entschwindet die letzte Kontrolle und es gibt kein Zurück mehr. Auf einmal scheint mein Körper zu explodieren, ich schlage mich, kratze mich, beiße mich, reiße mir Haare aus. Doch der Schmerz verletzt mich nicht, im Gegenteil, ich empfinde ihn sogar als Wohltat. Verzweifelt lasse ich den ganzen Druck, der sich in mir aufgestaut hat, an meinem Körper aus, als könnte diese Handlung die ganze Situation, die mich belastet, verändern. Alles, was mich von außen negativ beeinflusst, will ich, ja will ich an mir selbst auslassen. Denn nur über mich habe ich die Kontrolle. Immer noch mitten im Geschehen, wie von der Außenwelt abgeschirmt, greife ich zum Messer, die Verletzungen mit der bloßen Hand reichen nicht aus, und beginne mir in den Arm zu ritzen, mehr, immer mehr. Mit jedem einzelnen Schnitt verspüre ich eine Erleichterung, der Schmerz beruhigt mich. Bis der Druck endlich nachlässt und es vorbei ist!

Nun fühle ich mich, als hätte ich eine Ewigkeit schwer gearbeitet, ohne eine Pause zu machen. Ich bin erschöpft, ausgelaugt und kann nicht mehr. Ich fühle mich erleichtert, denn der Druck ist weg. Und doch fühle ich mich irgendwie auch schuldig, weil ich es wieder nicht geschafft habe. Ich habe verloren, heute, wieder mal.

STEFANIE JÄGER

Zu den beiden letzten Texten sagt das DSM IV: »Wiederholte suizidale Handlungen, Selbstmordandeutungen oder -drohungen oder Selbstverletzungen«.

Oft kommt sie ganz plötzlich, von einer Minute zur anderen: die Angst, die mir die Luft abschnürt, mich lähmt.

Es kann ganz harmlos anfangen: Ich bin zu Hause und will einen Termin wahrnehmen, horche in mich hinein und stelle fest, mir geht es gut. Ich bin fröhlich und freue mich beispielsweise über das schöne Wetter. Also gehe ich los und an der Haustür überfällt sie mich dann. Die Angst! Von einer Minute zur anderen ist alles anders, wirkt die Umgebung anders, die Menschen, die ich sehe, die Autos, die vorbeifahren – sie wirken bedrohlich. Ich kann kaum einen Fuß vor den anderen setzen, verliere den Kontakt zum Boden und zu mir selbst. Mir bleibt die Wahl zurückzukehren oder durch die Angst hindurchzugehen. Setze ich meinen Weg fort und nehme trotz allem den Termin wahr, verschwindet die Angst nicht, nein, sie bleibt bei mir und lässt mich nicht los. Kehre ich um, bleibt sie auch noch eine Weile hartnäckig an mir kleben und wird dann weniger. Ich kann der Angst also nicht entfliehen. Für Stunden, meist für den Rest des Tages bin ich dann vollkommen erschöpft, kann meinen Aufgaben nicht mehr nachkommen – was mich noch zusätzlich deprimiert.

Dann gibt es Tage, da erwache ich morgens und das Leben lastet wie Blei auf mir. Mir erscheint alles aussichtslos, ausweglos, und was ich auch beginnen mag, es ist zum Scheitern verurteilt.

Bekomme ich jedoch an diesem Tag ein Lob, also Zustimmung und Ansporn von außen, fühle ich mich, als könnte ich die Welt aus den Angeln heben, überwinde lächelnd Schwierigkeiten.

Genauso kann mich eine Kritik, und da genügt manchmal ein Wort oder auch nur ein Blick, in tiefste Tiefen stürzen, sodass ich mich vollkommen zurückziehe, das Telefonkabel abziehe, Kontakte abbreche, nicht mehr spreche, nicht mehr zu erreichen bin. Nach ein oder zwei Tagen komme ich dann langsam wieder aus meinem Schneckenhaus heraus und bin allmählich ansprechbar.

Oft stört mich die Fliege an der Wand, dann ertrage ich die liebsten Menschen und ihre Eigenheiten nicht. Meine Kritik an ihnen ist dann sehr zynisch, schon längst nicht mehr witzig, schon gar nicht freundlich und wird gefürchtet. Zielgenau treffe ich die Schwachstellen und finde keine Grenze und kein Ende. So kann ein relativ harmloser Disput über eine Kleinigkeit eine Trennung meinerseits zur Folge haben. Ich sehe in dieser Phase die Realität verzerrt und bin dann sehr auf das Verständnis meiner Mitmenschen angewiesen, die wissen, dass die negativen Gedanken mich überrollen, und mich nachher liebevoll in die Arme schließen.

ANGELIKA

Das DSM IV nennt das: »Affektive Instabilität infolge einer ausgeprägten Reaktivität der Stimmung (z.B. hochgradige episodische Dysphorie, Erregbarkeit oder Angst, wobei diese Stimmungen gewöhnlich einige Stunden und nur selten mehr als einige Tage andauern)«.

AUFGEWÜHLT LEER

Ich weiß nicht ... Wieder sitze ich den ganzen Tag auf dem Bett und bewege mich nicht einen Meter. Kann überhaupt nicht denken und eigentlich wundert es mich, dass ich schreiben kann. Worte stehen mir wieder im Weg, können sich nicht zu Sätzen bilden. Aber so schlimm wie heute war das alles noch nie. Es ist, als befinde sich mein Körper, mein Geist, einfach alles von mir in einer Art Winterstarre. Ich bin zwar da (ich sehe mich ja schließlich im Spiegel), aber ich fühle mich nicht mehr. Ich empfinde nichts mehr. Und wenn ich in mich schaue, sehe ich

39

nur ein großes schwarzes Nichts. Ich glaube, das hier ist schlimmer als jede Depression oder Panikattacke. Dabei merkt man wenigstens noch, dass man existiert ...

Und nicht genug, dass ich nicht fühlen oder denken kann, nein, ich kann nicht mal reden. Man fragt mich etwas und ich kann nicht antworten. Meine Stimmbänder gehorchen mir nicht mehr. Ich bekomme die Worte einfach nicht heraus aus mir. Es ist, als wäre ich und alles, was zu mir gehört, gelähmt. Ich weiß, dass die einzelnen Teile von mir einmal zu mir gehörten, aber jetzt reagieren sie nicht mehr auf mich. Sie reagieren eigentlich gar nicht. Nicht mal bewegen mag ich mich.

Ich hasse das! Wird es wieder aufhören? Aber warum? Damit es wiederkommt? Mein Leben wird überschattet von einem elendigen Kreislauf aus Depressionen, Wut und Leere. Zu schwach und gleichgültig, um aus diesem Kreis auszubrechen. Zu ängstlich und zu beweglich, um in ihm zu verharren.

Ich will raus ...!

Ich habe versucht die Leere mit fernsehen zu füllen. Das Fernsehen langweilt mich. Alles langweilt mich. Ich musste die Leere aber doch irgendwie füllen ...! Und die Langeweile verbannen! Habe alles versucht. Nichts hat etwas gebracht. Habe mich also wieder geschnitten. Blut füllt Leere schnell ...

Es sieht schlimm aus. Mein Freund wird sich freuen ... Aber mir geht's besser. Nicht mehr zugleich leer und aufgewühlt. Bei den letzten Schnitten habe ich sogar wieder den Schmerz gefühlt! Jetzt kann ich sicherlich ruhig einschlafen.

JESSE BLUE

Nach dem DSM IV heißt das entsprechende Diagnosekriterium: »Chronische Gefühle von Leere und Langeweile«.

Die Ampel steht auf Rot, doch ich reagiere völlig falsch: Mitten auf der Kreuzung stehe ich plötzlich, Autofahrer hupen. Ich steige vom Fahrrad und brülle: »Du Arschloch!« Auf dem Weg von der Therapiestunde nach Hause ist meine Stimmung gekippt: Plötzlich höre ich in mir nur Sätze des Therapeuten, die mich rasend vor Wut machen. Und eine Umarmung, die ich mir schon so lange gewünscht habe, hat er mir wieder nicht gegeben.

Den Gedanken, ins Meeting der Anonymen Alkoholiker zu gehen, schüttle ich sofort aus meinem Kopf. Unter Menschen gehen und still sein schaffe ich jetzt nicht. Zurück auf dem Fahrradweg brülle ich einen Fußgänger an: »Du Drecksau, hau ab!« Zu Hause angekommen, lasse ich mein Fahrrad fallen und gebe ihm einen Tritt.

Danach bin ich plötzlich äußerlich ganz ruhig, fühle nichts mehr. In der Wohnung angekommen, trete ich auf den Hasenkäfig ein. Das Kaninchen darin flitzt verzweifelt hin und her. Stopp, denke ich. Dann mache ich mich an die Zimmerpflanzen: packe die Grünlilien, zerre sie aus den Töpfen, zerquetsche die Blätter, zerreiße die Wurzeln. Zerbrochene Tontöpfe liegen nach einigen Minuten überall im Wohnzimmer herum. Alle Zimmerpflanzen müssen an diesem Abend dran glauben. Sobald der Tobsuchtsanfall vorbei ist, fange ich an die großen Stücke in drei gelbe Säcke zu stopfen. Dann schalte ich den Fernseher ein. Die schmerzhaften Gefühle kommen trotzdem. Ich mache Telefonterror bei meinem Therapeuten, bis er nicht mehr ans Telefon geht. Ich kratze mit einer Rasierklinge, um die Gefühle wegzumachen. Gegen drei Uhr nachts lege ich mich ins Bett.

Viele Jahre lang als »erwachsener« Mensch war ich nicht wütend. Dunkel erinnere ich mich an Wutanfälle in meiner Kindheit. Meine Mutter, andauernd überfordert, sagte dann:

»Die spinnt.« Einen Vater, der mir Grenzen gesetzt hätte, gab's nicht. Symptome wie Alkohol- und Tablettenmissbrauch, Bulimie und Selbstmordversuche haben mich dann von der Pubertät an begleitet. Als ich mit Hilfe von Selbsthilfegruppen trocken geworden war, klammerte ich mich an andere Menschen. Zuletzt an einen Therapeuten. Dieser stellte endlich die richtige Diagnose: Borderline.

Heute leide ich immer noch unter meiner Aggression. Ich spüre sofort, wenn mein Körper sich verkrampft, wenn ich kein Lebewesen in meiner Nähe ertrage, wenn ich Fantasien übelster Art in meinem Kopf habe. Doch nachdem ich ein paar Mal meine ganze Wohnung verwüstet habe, weiß ich: Ausagieren hilft nicht. Vielmehr laufe ich Gefahr, per Beschluss in die Klappsmühle zu kommen. Also rauche ich, dröhne mich mit fernsehen zu, gehe ich in die Welt eines Romans. Am wichtigsten ist, die aggressiven Gedanken und Fantasien aus dem Kopf herauszubekommen. Sich ruhig beschäftigen, die Gedanken auf ein reizfreies Thema konzentrieren, das hilft. Arbeiten auch.

Seit einem halben Jahr lebe ich mit zwei Katzen zusammen. Ich habe mir geschworen: Diesen zwei Tieren tue ich nichts. Wenn ich merke, dass ich zu aggressiv für ihre Nähe bin, halte ich Abstand. Vielleicht schaffe ich es beim nächsten Mal auch, vom Fahrrad abzusteigen und zu warten, bis die Ampel auf Grün schaltet.

ANDREA ASPLENIUM

Das DSM IV sagt: »Unangemessene, heftige Wut oder Schwierigkeiten, die Wut zu kontrollieren (z.B. häufige Wutausbrüche, andauernde Wut, wiederholte körperliche Auseinandersetzungen)«. ✓

42

Ich habe nie gelernt, richtig mit Stress umzugehen. Umso mehr muss ich heute darauf achten, notfalls einen Gang zurückzuschalten, denn wenn ich das nicht tue, klinkt meine Seele sich selbstständig aus. Ich bekomme jedes Mal Panik, wenn es losgeht. Besonders schlimm ist es nachts, wenn ich einige Tage davor schon nicht richtig schlafen konnte: Ich liege wach, versuche krampfhaft einzuschlafen oder wenigstens Ruhe zu finden. Das Gedankenkarussell dreht sich und ich kann es nicht beeinflussen. Ich habe einfach nur Angst. Angst vor dem nächsten Tag, Angst vor einfach allem.

Wenn diese Angst eine unbestimmte Grenze überschritten hat, fange ich an zu fantasieren. Der Raum verändert sich, Wände kommen auf mich zu. Jeder Schatten wird plötzlich zu einer bedrohlichen Figur. An den Wänden sehe ich dann Dia-Bilder oder Ähnliches. Ich komme mir vor, als wenn ich einen Horrorfilm ansehe, allerdings kann ich diesen Film einfach nicht abstellen. Ich laufe durch die Wohnung, alles scheint verändert. Wenn ich in so einem Zustand bin, bleibt für mich auch jegliche Uhr stehen. Die Zeit vergeht gar nicht mehr, der Augenblick wird zur Ewigkeit. Ich achte auf jedes Geräusch. Die eigentliche Stille ist doch so laut, so lebendig. Das kann nie einer nachvollziehen, der dies nicht durchlebt hat. Alles ist die reinste Bedrohung für mich. Ich möchte dann so gern aufwachen, nur: Ich bin ja wach.

Früher habe ich dagegen Medikamente genommen. Doch die lähmten mich zu sehr in meinem Alltag. So versuche ich lieber diese Situationen auszuhalten, mir anders Hilfe zu holen, als noch einmal so von Medikamenten gefesselt zu werden. Um in Kontakt mit der Realität zu stehen, lasse ich Musik laufen oder telefoniere, und so schaffe ich es, dass ich ruhiger werde und sich allmählich der Spuk von allein auflöst. Das Wichtigste dabei sind dann Gespräche, das hilft, mich etwas abzulenken.

Auch wenn ich unter Menschen bin, gibt es Momente, die ich scheinbar nicht mehr aushalten kann, in denen sich meine Angst verselbstständigt. Autos können dann genauso bedrohlich wirken wie Menschen in der S-Bahn. Ich sehe Objekte auf mich zukommen, bekomme keine Luft mehr. Von einer Sekunde auf die andere wird alles fremd. Die Angst hat mich im Griff und schaltet alles Reale aus. Das ist einfach eine andere Welt, wenn sämtliche Sachen auf einmal bedrohlich wirken. Ich fühle mich angegriffen und schutzlos. Nur kann ich nicht so einfach davor fliehen. Denn es sind meine eigenen konfusen Wahrnehmungen. Ich versuche mich davor zu schützen und gehe zum Beispiel nur mit Musik im Ohr außer Haus. So konzentriere ich mich nicht mehr ganz so auf meine Umwelt und bin auch von meiner Angst etwas abgelenkt.

TINA

Das DSM IV bezeichnet dies als: »Vorübergehende, durch Belastungen ausgelöste paranoide Vorstellungen oder schwere dissoziative Symptome«.

Risse in Spiegeln

Ivy Anger

Da ist ein Riss, der sehr tief reicht. Zu tief. Er geht durch Verstand, Herz, Schoß, durch die Mitte von allem. So real – das Realste an mir, und nicht zu kitten.

Mitunter kommen sie wieder, zum Beispiel nachts, in der Maske von Alpträumen, oder in ganz banalen Situationen. Alles Mögliche kann sie auslösen; sie können mich überall heimsuchen, mir hinter jeder Ecke auflauern; es ist jederzeit mit ihnen zu rechnen. Inwendig nenne ich sie »Bilder« – was viel zu kurz greift, denn es handelt sich im doppelten Wortsinn um *Einfälle*. Beziehungsweise um Flashbacks, psychische Schwerkraftverwerfungen. Meine kleine Schwester im Trotzanfall, kaum vier Jahre alt, an den Haaren über den Boden geschleift, unter die eiskalte Dusche gezwungen, so lange, bis sie blau anläuft und fast erstickt, während ich, gerade drei Käse hoch, dem zuschaue, hilflos, wo ich dringend helfen müsste (was sich verbietet, da man es *sie* büßen ließe), aber weder sie noch mich retten kann. Jede Wiederholung entfesselt neue Lawinen, die Verwüstung anrichten: Apokalypsen im Miniaturformat. Bestimmte Erinnerungen, insbesondere traumatische, unterliegen keinerlei Abnutzungserscheinungen. Sie gleichen Wiedergängern, Phantomen, sie irren umher und begehren Erlösung. Da ich sie nicht zu erlösen weiß, machen sie eine Ruine aus mir, in der es umgeht. Sie ticken wie Bomben, stets läuft der Countdown. Beim Explodieren sprengen sie verheerende Schneisen in eine Normalität, an der ich mich ohnehin ständig wund reibe. Die Katastrophe pflegt mit depressivem Fallout abzuklingen, einem Ascheregen, in dem ich knietief wate. Seelenfinsternis dehnt sich bis über den Horizont hinaus, Wochen, Monate, Erdzeitalter; in ihr gehe ich mir verloren.

Solche Ereignisse spielen sich unterirdisch ab, in Zonen, die von anderen nicht eingesehen werden können. Rein äußerlich schlafe, esse, arbeite ich wie bisher. Der Schein trügt. Das System läuft per Autopilot; im Getriebe steckt Sand; wenn man Acht gibt, hört man ihn knirschen. Zwar registriere ich, was geschieht, vermag jedoch so wenig Abhilfe zu schaffen, als säße ich in einem steuerlosen Fahrzeug mit blockierten Türen, das auf eine Abbruchkante zurollt. »Blankes Selbstmitleid«, lautet ein häufiger Kommentar. Oder: »Du paradierst im Unglück, kein Wunder, dass es dir schlecht geht.« Außenstehende, einschließlich der wohlgesonnenen, sind entweder unfähig oder schlicht abgeneigt nachzuvollziehen, wie sehr ich daran verzweifle, immer wieder bei null zu landen, zurückgezerrt wie ein Hund an zu kurzer Leine. Als habe das durch und durch verseuchte Milieu, in dem ich aufwuchs, Wurmlöcher hin zu Parallelwelten ausgebildet, verhängnisvolle Tunnel, die sich nicht zuschütten lassen.

Immer neu verheddere ich mich in Endlosschleifen meiner Vergangenheit, die viel eher eine Gegenwart zweiter Ordnung ist und sich weigert zu vergehen. Sie altert nicht; weder Kalender noch Uhren können ihr etwas anhaben. Eingepfercht in Blasen aus gestockter Zeit betreibe ich Dauerspagate zwischen Heute und Einst, sodass meine Energien fürs Morgen nicht reichen. Im momentanen Fluss sind die so genannten »Bilder« Treibgut, Vagabunden ohne Obdach. Gelegentlich rütteln sie an meiner Tür; lasse ich sie nicht spontan ein, verschaffen sie sich gewaltsam Zutritt. Gezwungenermaßen nähre ich sie, und sie, sie saugen mein Blut aus. Fast könnte man von Nahen Begegnungen der Dritten Art sprechen, nur eben statt mit UFOs mit etwas nicht Fassbarem, Parasitischem, das von mir kaum mehr übrig lässt als eine raschelnde Larvenhülle, Bruchstücke im freien Fall, abwärts, abwärts, abwärts ohne Wiederkehr.

Filmsequenz aus dem Gedächtniskino: mein Suizidversuch, der erste, an einem Tag im Mai. Wie ich mich fühlte, vorher (eine Eisskulptur, festgefroren in ohnmächtiger Wut und Verzweiflung), und als ich all die Tabletten intus hatte. Der exklusive Moment inneren Friedens, als die Würfel gefallen waren; als feststand, dass ich *verschwinde*. Und als Nächstes: das Gesicht des Stationsarztes über mir im Erwachen aus fünftägigem Koma, meine ans Bett gefesselten Extremitäten, das nackte, peitschende, rasende Entsetzen darüber, trotz peinlichster Sicherheitsvorkehrungen zurückgezerrt worden zu sein, in eine Sphäre, in der ich immer nur *zu viel* sein konnte.

Die mich zu retten glaubten, überantworteten mich dem Fegefeuer. In Wahrheit retteten sie nur sich selbst.

Schon als ich ganz klein war, empfand ich Entbehrung. Einbetoniert in unberechenbare Regelwerke, deren Befolgung im einen Moment Lob und im nächsten Prügel nach sich zog, konnte ich das unbestimmt spüren, allerdings ohne Worte dafür zu finden; es entzog sich dem Verstand, den Sinnen, der Sprache. Es kam nur zu diesen Anwandlungen von ... nun: Langeweile, einem faden, öden Gefühl, wo in mir Leerlauf herrschte, eine mentale Flaute. Als würde man keinen Schatten werfen und wittern, dass irgendwas Wesentliches *fehlt* (etwas, das naturgesetzlich da sein sollte), aber partout nicht darauf kommt, was es ist.

Mit etwa zwölf entwickelte ich den Spleen, mein Spiegelbild anzustarren, um ... ja, was? ... seinem Geheimnis näher zu kommen? Anfangs tat ich es heimlich. Dann bald so oft, dass es auffiel. Meine Mutter, auf totale Dressur aus, bezichtigte mich der Geltungssucht, spionierte mir überallhin nach, maßregelte und bestrafte mich. Ihre Verfolgungen beeinträchtigten meinen Drang nach Vergewisserung keineswegs. Zu unerträglich fand ich es, nebelhaft zu sein, fortwährend in Auflösung begriffen, halbwegs, aber nie zur Gänze entstofflicht. Eventuell würde der Spiegel mir ja zu mehr *Festigkeit* verhelfen. Enttäuscht musste ich feststellen, dass der ersehnte Effekt nicht eintrat. Das Rätsel blieb unantastbar; es zog mich magnetisch an, gab sich mir aber nie preis. Die trügerische Oberfläche erwies sich als undurchdringlich; von Mal zu Mal stieß ich nur auf stümperhafte Imitate, die mir vagen Widerwillen einflößten. Da war ein Vollmond mit Zöpfen, in den sich zur Not menschliche Züge hineinlesen ließen und der vorgab, ein Gesicht zu sein – mein Gesicht. Dies zerklüftete Fleisch unter bleicher Haut, diese Dünen und Schluchten? Unmöglich!

Antworten kriege ich keine. Nach und nach verselbstständigte sich die Gewohnheit. Zuweilen artet sie in Besessenheit aus. Ich bin auf Spiegel angewiesen, damit sie mir antworten. Sie sollen mir sagen, was ich bin ... oder wenigstens, *dass* ich bin, vor allem dann, wenn ich *unwirklich* werde und meinen Körper verliere, wenn meine Lippen pelzig und die Finger taub sind und sich der Boden unter mir in Treibsand verwandelt, sodass ich bei jedem zweiten Schritt stolpere.

Alle Spiegel, die ich ausprobiere, schweigen. Da die Droge nicht wirkt, bin ich permanent auf Entzug und erliege ihrer Lockung umso mehr. Wie neulich: ein Café in der Fußgängerzone, sterile Toilettenräume, die alte Frau in gestärkter Uniform, wie ein schläfriger Zerberus über ihr Revier wachend. Und zwischen gekachelten Wänden die betörende Spiegelfront. In der grünlichen Aquariumbeleuchtung inspiziere ich mein Ebenbild, das mir zum zigtausendsten Mal mein leibliches Da-Sein verbürgen soll. Wie gewöhnlich stellt sich die Ansicht vor mir verpuppt, nichts sagend dar; die Topographie von Mund-, Schläfen- und Kinnpartie könnte mir fremder nicht sein. Die Augen, zwei Krater in einer Karnevalsmaske, wirken brütend, bekifft, flackern verdächtig. Mich dem Sog ihrer Froschpupillen zu ergeben fühlt sich nach Ertrinken in grundlosen Teichen an, eine Faszination, der ich schon aus Routine nachgebe. Repräsentiert dieser verschleierte, gehetzt wirkende Blick allen Ernstes meine unsterbliche Seele? Außer Alarmiertheit kann ich nichts darin erkennen, keinen Charakter, kein Profil. Die Anspannung, die meine Züge zeichnet und ihnen etwas Neurotisches verleiht, gaukelt nervöse Vitalität vor; darunter verbirgt sich jene Abwesenheit, Auslassung oder Ferne, die ich nicht erklären kann ... eine ohrenbetäubende Stille. Seit jeher *vermisse* ich, kann aber nie sagen, wen oder was. Unter dem rinnenden Wasserhahn sind meine Hände in flüssige Handschuhe gekleidet und zur Unkenntlichkeit erstarrt. Es würgt mich im Hals, ohne dass ich wüsste, warum. *Schäm dich,* raunt eine körperlose Stimme. Gehorsam schäme ich mich, indes die Spiegelung zu verschwimmen scheint und wie Fett in der Pfanne zu einer Lache schmilzt, langsam, langsam ... bis ich mich mit Gewalt davon losreiße. Schneewittchen kommt mir in den Sinn, ihre skrupellose Rivalin, die Intrige, der verbotene Apfel. Schneewittchen wird schuldig, wird behext, Parabel auf Sündenfall und Vertreibung aus dem Paradies; scheintot harrt sie ihrer Entzauberung. Wie ich: aufgebahrt im gläsernen Sarg des Spiegels.

Zitat aus vergessener Quelle, die Rendezvous mit den Spiegeln in zwei Sätze gerafft: »Ces yieux ne t'appartiennent pas; où les as-tu pris?« (»Diese Augen gehören dir nicht; woher hast du sie?«)

Typen wie mich nennt man unter anderem »psychische Bluter« – eine der Zuschreibungen im Wirrwarr des so genannten Borderline-Syndroms. Außerdem bin ich zweifellos von einer ausgewachsenen »Verlassenheitsdepression« betroffen – auch so ein wichtigtuerischer Fachausdruck. Ich glaube nicht an Diagnosen, am allerwenigsten an psychiatrische. Meines Erachtens taugen sie höchstens dazu, sich von ihnen zu emanzipieren. Akademisch verbrämte Klischees haben mein Elend keinen Deut gelindert, sondern lediglich mit Etiketten befrachtet und in pseudowissenschaftliche Schubladen gestopft; man verkürzte mich auf ein Bündel Symptome, stopfte sie mir in den Schlund und ließ mich im eigenen Saft köcheln – eine bedauerliche Verschwendung von Zeit, Geld und Mühe.

Gleichwohl hat die absurditätsstiftende Urerfahrung der Getrenntheit, des Verwaist- und Verlorenseins mich geprägt, einem Kainsmal gleich, das jeder kosmetischen Operation wider-steht. Ich kann mich des Eindrucks nicht erwehren, mich ent-lang einer modellhaften Struktur, *die schon vor mir da war*, entwickeln zu müssen, mit unüberwindlichen Grenzen, die mir Krüppelwuchs aufzwingen. Klar bin ich »verantwortlich«, doch was besagt das schon? Ausgesucht habe ich mir mein Los nicht. Sämtliche Fährten, denen ich nachspürte, um zu meinen Wur-zeln und damit zu einem Stück Identität zu finden, verliefen im Nichts. Zwischenbilanzen zeigen mir ein Chaos, lauter abge-rissene Fäden und lose Enden, die nutzlos in die Luft ragen.

SOZIOPATHEN

Es ist einfach nicht fair. Nicht fair, dass ich gleich zwei »Väter« verloren habe bzw. um sie betrogen wurde. Wie intensiv ich gesucht habe! Noch so eine Leerstelle auf meiner inneren Land-karte, auf der es ohnehin von weißen Flecken wimmelt. Was ich hatte, war die Soziopathin, aus deren Bauch ich kroch, eine Mutter-Attrappe. Mich verachtete sie, wie sie alles und jeden verachtete. Und presste mich aus, bis zum letzten Tropfen. Starr-sinnig verweigert sie jegliche Auskunft über meinen Erzeuger; nicht mal den Anstand, Unkenntnis einzuräumen, bringt sie auf. Mein Großvater – der allein bereit war zu geben, ohne Vorleis-tung einzufordern – ist seit über dreißig Jahren tot, meine Schwester quasi verschollen. Ich will sowieso keinen Kontakt mehr mit ihr; unsere Treffen haben immer dieselben alten Un-geheuer auferweckt, und obwohl sie im Grunde nichts dafür kann, verzeihe ich ihr nicht, dass ich sie von klein auf bemut-tern musste, wo ich doch selbst so nötig Eltern gebraucht hät-te, ich meine, *richtige* Eltern, keine Gespenster. Ein Zuhause. Vielleicht finde ich es ja, wenn ich sterbe; insofern baue ich auf den Tod als den großen X-Faktor, der gewährleistet, dass die

Gleichung aufgeht. Womit die Existenzfrage hoffentlich abgehakt sein wird. Dass es mich gibt, ist nicht meine Schuld; dennoch werde ich das Gefühl nicht los, dass ich geboren wurde, um für fremde Sünden zu büßen. Selbst wenn ich wüsste, wofür, würde es nichts ändern. Mein Karma hat aus mir keinen besseren Menschen gemacht, sondern eine halsstarrige Rebellin, deren Ideale und Überzeugungen zu einer unbekömmlichen Mixtur geronnen sind, mit Ablagerungen, die dicke Krusten bilden. Was einmal Zorn war, kristallisiert nach und nach zu Groll, Groll über diesen abstoßenden Ort, wo das erste Gebot lautet, Geld zu machen, koste es, was es wolle, wo Börsenkurse alles und individuelle Schicksale nichts bedeuten, und bejubelt wird, wer die knalligste Show abzieht. Nein, wirklich: Hier will ich nicht *sein* müssen. Meine Sterblichkeit lässt mich kalt; mich empört der mir auferlegte Zwang zur Existenz, noch dazu in einer Gesellschaft, die ihre eigene Schizophrenie auf Teufel komm raus verleugnet und sie gerade deshalb vorprogrammiert. Das lästige Geschenk namens Leben, umzäunt von unbarmherzigen Tabus und in der Praxis mit Füßen getreten: Es widert mich an.

Angeblich soll es Babys geben, die von ihren Eltern willkommen geheißen werden. Die Idee erfüllt mich mit verzehrendem Neid; sie ruft nichts als Schwärze wach, eine Schwärze mit Widerhaken. Ich entsinne mich meiner Mutter, als sie mir von ihren fehlgeschlagenen Abtreibungsversuchen berichtete. Schon damals, mit sieben oder acht, verstand ich die unterschwellige Botschaft, die mir den Weg wies: *Du bist unerwünscht. Bestenfalls geduldet.* Es lag nicht so sehr am Was als vielmehr am Wie: am Ton, der die Musik ausmacht.

Unmittelbar nach der Entbindung gab sie mich weg. Gut und schön, nur will mir nicht in den Kopf, wieso sie das, was sie mir antat, wenig später *und in gleicher Weise* meiner Schwester zufügte. Sie schlief sich durch eine Reihe von Betten, na fein, wurde schwanger, okay, und heiratete den Nächstbesten. Im

Weiteren gab sie nach dem ersten auch noch ihr zweites Kind weg, ließ alle beide über Jahre in einem anonymen Säuglingsheim schmoren, wo sie nach der Stechuhr abgefüttert, gewickelt und ansonsten sich selbst überlassen wurden ... und holte sie irgendwann wieder zurück, obschon völlig klar war, dass sie sie unter gar keinen Umständen wollte. Was in meinem wie auch im Fall meiner Schwester die Verpflanzung in eine Gruft bedeutete. Aber wozu? Ich weiß es nicht und sehe auch keinerlei Möglichkeit, es in Erfahrung zu bringen, zumal ich mit vollendeter Volljährigkeit die Brücken hinter mir abgebrochen habe. Vermutlich tat sie es aus Prestigegründen. Die Wahrung des Anscheins galt alles in jener Familie, die sich für so viel »besser« hielt: Kleinbürger mit Drang nach oben, strotzend vor Minderwertigkeitskomplexen. Ihr gesamtes Denken drehte sich nur darum, wie etwas aussah; anderer Leute Meinungen galten alles. Hauptsache, die Fassade blieb unversehrt.

Es stand nicht zum Besten: ein herrenloses Kind, fast noch ein Baby, bei dem es mit der Adoption nicht klappte und das sich aufgegeben hatte, eine Tante, noch ganz befremdet ob ihrer Zufallsvisite im Heim, wo sie im Gitterbett eine Puppe vorfand, erstarrt in Teilnahmslosigkeit, dazu die miese Prognose im Arztbericht. Und wenn das Balg am Ende krepiert? Was werden die Verwandten dazu sagen, ganz zu schweigen von den Nachbarn!

Was mich wie auch meine kleine Schwester betraf, veranlasste man damals das Falsche zu spät und, ungleich schlimmer, aus den falschen Beweggründen. Die Zeitspanne bis zu meiner Flucht mutet mich rückblickend an wie Überleben in Zeiten der Inquisition. Dabei macht gerade der Nebenumstand, dass ich den Horror trotz zähen Bemühens nicht zu kommunizieren vermag, ihn überlebensgroß. Vielleicht würde ich mich nicht ganz so verloren fühlen müssen, wenn dem anders wäre ... wenn nicht speziell Lehrer, Seelsorger, Ärzte und Therapeuten (Leute also, an die ich, entwurzelt und isoliert, mich Hilfe suchend wandte) den Mythos von der Familie als Hort allen Heils verteidigen würden. Infolgedessen gaben sie mir minderen Glaubwürdigkeitskredit. Für mich ein Motiv, auf Profi-Helfer zu pfeifen, die keine Ohren haben, um zu hören, und keine Augen, um zu sehen, wohl aber verstiegene Erwartungen hegen. Ich kenne mich aus mit Problemlösungsansprüchen, die Komplikationen zusätzlich verschärfen; ich bin »geheilt« von der Idee, Rettung oder auch nur Beistand von irgendwoher außer von mir selbst zu erwarten. Und gründlich desillusioniert bin ich zudem.

Logisch, dass ich mich immer dagegen gesträubt habe, mich mit meiner Vergangenheit »aussöhnen« zu sollen; für mich fühlte es sich richtiger an, Widerstand zu leisten gegen Scheinlösungen Unbeteiligter. Mich versöhnen mit vorsätzlich begangenem Unrecht? Auf keinen Fall: das hieße, denen, die sich daran weideten, zwei kleine Kinder zu quälen, nachträglich Recht zu geben und mein eigenes Opfersein zu bagatellisieren. Die Gehirnwäschen, sadistischen Schikanen und Täuschungsmanöver, den auf Liebe zurechtgeschminkten Hass, die Abgründe unter der Idylle, all das kann ich weder vergessen noch loslassen noch verschmerzen, umso weniger, als ich es nicht mitzuteilen weiß. Wie mitteilen, dass nichts war, wie es schien, dass die Dinge stets doppelten Boden hatten und jeder Schritt einen Schritt in vermintem Gelände bedeutete? Missbrauch und Misshandlung vollzogen sich simultan auf mehreren Ebenen. Wie das Damoklesschwert schildern, das immerzu über mir hing, und wie die Ahnung, dass Hoffnung, Glaube, Trost usw. auf Selbsttäuschung beruhen und da ansonsten *nichts* ist, kein Sinn, kein Gesetz, weder Wahrheit noch Gerechtigkeit, nur blinde, unpersönliche Willkür? Die Ahnung verdichtete sich: Zufällig werden wir in diese Welt geworfen, kämpfen und leiden zufällig in ihr, beweihräuchern uns selbst und treten früher oder später ebenso zufällig wieder ab ... zwischen Geburt und Sterben zur Einsamkeit verdammt, verstrickt in kleinliche Egotrips, narzisstische Materieklümpchen, Spreu im Wind.

Egotrip – wo doch mein Ego seit jeher unauffindbar bleibt? Klarheit darüber, wer oder was »ich« sei, wenn ich irgendein Mich nirgends spüre, dürfte mir versagt bleiben. Kreist deshalb mein Denken wie um eine Nabe immerfort um fehlende Verbindungen, um Nichtvorhandenheiten, um Lücken und Breschen? Anscheinend fahnde ich noch immer nach den Entstehungsbedingungen der Unordnung, zu der »ich« geworden bin. Umsonst. Mein so genanntes Selbst ein Geist, der nicht aufhören kann zu spuken, meine Existenz die reinste Fata Morgana. Zu wissen, wie dünn die Membran ist, die uns vom Bodenlosen trennt, wie spinnwebzart, verblüfft mich. Wie kann etwas derart Filigranes die Menschen bei der Stange und die Dinge am Laufen halten? Am Laufen, doch, sogar auf Hochtouren, wie jetzt um halb acht Uhr abends, wo ich seit elf praktisch ohne Pause schreibe, Buchstaben, Zeilen, Absätze, informelles Gestrüpp.

Es gibt keine Gerechtigkeit. Das Schicksal wirft dir Brocken hin und sagt: Da, friss! Ob du sie verdauen kannst oder nicht, danach fragt keiner, und gehst du vor die Hunde, interessiert es nicht. Schneewittchen, dass ich nicht lache. Auf der Suche nach Erklärungen bin ich längst in der Sackgasse gelandet: Geradeso gut hätte ich versuchen können mit einem Schmetterlingsnetz Schatten zu fangen. Anstrengungen, mein Leiden an mir selbst »historisch« zu begreifen, führen lediglich zu mehr Komplexität und damit zu fortschreitender »Abtrift«, mit der Folge zunehmender Verstörung. Wozu also neue Gräben in eine ohnehin brüchige Realität reißen, da ich doch aus Erfahrung weiß, was es unweigerlich auslöst: einen Kontinuitätsschwund, dem ich kaum gewachsen bin? Wozu eine heikle Balance gefährden, wenn ich ohnehin auf Messers Schneide lebe?

Trotzdem. Trotzdem möchte, nein, *muss* ich meiner Trostlosigkeit ein Ventil geben und mein Elend herausschreien ... nein, -flüstern. Vielleicht hört mich jemand.

Aber wie sich Gehör verschaffen in all dem Getöse? Zu oft

bin ich ins Leere gelaufen, an zu vielen Mauern abgeprallt. Wie kann meine Klage da jemals erlöst werden? Wie mit der Wahrheit fertig werden, dass meine Mutter, die einzige, die ich hatte, ein Vampir ist? Sie zu umarmen hieße ein Vakuum zu umarmen – vergebliche Liebesmüh. Aber mich hungerte und fror zu sehr, um es nicht immer wieder zu versuchen. Sie pflegte sich von mir loszumachen wie von etwas Ekelhaftem. Klar muss sie mich gehasst haben für den Schmerz, den es nach sich zog; ich bekam es zu spüren. Erst viel später, als ich in die Pubertät kam, wurde ich gewahr, dass sie Machtgefühle daraus bezog, mich hübsch langsam am ausgestreckten Arm verschmachten zu lassen. Dass es sie richtiggehend aufgeilte. Aus keinem anderen Grund, als weil sie es behauptete, traute ich ihr nach wie vor zu, *alles* über mich zu wissen, weit über das Menschenmögliche hinaus, ihr nichts vorenthalten, nichts verheimlichen zu können. Damit reichte ich selbst ihr das Werkzeug, mich scheibchenweise auszuweiden. Mich wegen erfundener oder künstlich aufgebauschter Vergehen auf Knien rutschen zu sehen bedeutete ihr, die in freudloser Einehe an ihrer Mutter klebte und ein geschlagenes Vierteljahrhundert keinen Schritt vor die Wohnungstür tat, den ultimativen Fick. Wie grotesk. Und wie grenzenlos traurig. Die ungezählten Nächte, die ich mit ihr durchwachte, unfähig, sie zu trösten, da sie unerreichbar war, auch für sich selbst. Zu Bett wagte ich nicht zu gehen, konnte aber auch nichts für sie tun. Ihre Ängste und Depressionen zermalmten mich schier, sie sind ihr Vermächtnis; sie hat sie mir übertragen, eine schleichende Infektion, die mich auszehrt.

Kein Wegweiser, kein Pfad durch den Dschungel, kein Halt in der Unaufhaltsamkeit. Mein Leben lang stemme ich mich aus Leibeskräften gegen versteckte Türen, damit das, was von drüben andrängt, mich nicht erwischt. Man hat mich benutzt, bespitzelt, bespuckt und bestohlen. Mich verhöhnt. Ich fühle mich so besudelt. All die Lügen, die sie mir aufband, wissend, dass ich sie schlucken würde. Von Anfang an war ich die Leinwand für ihren Schatten, der Müllkübel, um sich anderthalb Jahrzehnte lang auszukotzen. Dass ich merkte, was kein Kind merken soll und um keinen Preis – nämlich, dass die Eltern es nicht (nur) gut meinen –, verdanke ich in erster Linie dem Umstand, dass sie den Bogen so maßlos überspannte. Natürlich kam nie ein Signal des Bedauerns oder Bereuens. Kein Zweifel, es wird auch nicht kommen. Vernunftwidrig, dass ich nicht aufhören kann zu warten. Insgeheim erhoffe ich mir noch immer ihre Liebe; diese Hoffnung aufzugeben hieße mich selbst aufzugeben; andererseits hindert sie mich daran zu wachsen. Das ist der Angelhaken, an dem ich zapple.

HABEN UND SEIN

Von außen und oben betrachtet könnte man mir entgegenhalten, dass ich vergleichsweise gut dran bin. Das stimmt, und stimmt auch wieder nicht. Unter Aspekten des *Habens* trifft es neuerdings zu. Ich *habe* einen Partner, einen Freund im besten Sinne, mit dem ich lebe und den ich liebe, so gut es mir eben möglich ist. Ich *habe* eine Arbeit, zwar oft anstrengend, aber auch sehr lohnend – nie gekannter Luxus nach einer Unzahl monotoner, krank machender Hilfsjobs. Ich *habe* ... ach ja, ein gutes Aussehen, etliche Talente, ein Dach über dem Kopf, genug zu essen.

In Begriffen des *Seins* kommt für mich jede Rettung zu spät. An 365 Tagen im Jahr wache ich morgens auf, bestürzt und frustriert, weil ich existiere. Auch das Gefühl, unter Dauerschock zu stehen, hat sich kein bisschen abgeschwächt. Als liege ein Fluch auf mir, ein böser Bann, der mich wie eine Zwiebel schält, bis hin zum Kern, einer Wunde, die blutet und eitert.

Ließe ich mein Seinsgefühl in *ein* Wort gerinnen, wäre es dieses: Grauen. Gemeint ist die Furcht vor dem Unverstehbaren, dem ganz und gar Fremden. Das drückt mein Empfinden aus, *in der Welt zu sein*. Abgeschnitten. Unsichtbar. Amputiert. Mein Ich stellt sich dar als ein Haufen Scherben, die sich nicht zusammenfügen lassen, weil mir jegliche Vorstellung von ihrer ursprünglichen Gestalt, ihrer Ganzheit ermangelt. Medikamente? Fehlanzeige. Nicht einmal als Leim taugen sie, um weiteren Zerfall zu verhindern; sie spalten den Schmerz ab und machen mich zum Zombie, und das erlaube ich nicht. Soll ich um der Gleichschaltung willen in einer pharmazeutischen Wolke leben? Als ob es nicht reicht, im Gehäuse eines menschlichen Körpers, dem ich nicht entrinne, zum »Lebenslänglich« verurteilt zu sein, klaustrophobisch eingezwängt in dem Gefäß aus Fleisch, das doch angeblich »mein« ist. Was hat sie mit meiner Identität zu tun, diese Form, in der ich gefangen sitze? Sie gehört nicht zu mir und ich nicht zu ihr. Der Beweis: Fremde haben sich ihrer über Jahre hinweg nach Belieben bedient. Zuerst die beiden Furien, mit denen ich aufwuchs und an deren Erbe – Selbstekel und -enteignung plus totgeschwiegene Leichen im Familienkeller – ich schwer genug trage. Dann mein erster Therapeut, im Nebenberuf altkatholischer Pfarrer, der mich mit perfiden Methoden sexuell missbrauchte – ein nur zu logisches Mehr desselben, das ich bereits zur Genüge kannte; er wusste, wie prädisponiert ich war, wie versklavt, wie *verschwiegen*; dass ich mich weder wehren würde noch ihn verraten. Und wenig später mein Ex-Ehemann, mit dem ich unter Wiederholungszwang Fortsetzungen dessen inszenierte, woran ich systematisch gewöhnt worden war: Krieg und Zerstörung. Kein Exorzismus treibt mir die Lektion aus, auf Grund anderer Leute Gnade und ausschließlich zu ihren Zwecken fortzubestehen. Dass meine Bestimmung, aber auch die einzige Legitimation für mein Dasein sich darin erschöpft, gute Miene zum fiesen Spiel zu machen. Marionette, auf Kommando hampelnd. Besitztum in gierigen Händen, eine Sache, nein, weniger als das, denn Sachen sind willenlos und können nicht leiden.

Mir scheint, dass die fundamentale Erfahrung, verfügbar zu sein, fremddiktiert, Objekt zum Missbrauch in jeder Zelle, jeder Pore, jedem Härchen unauslöschlich gespeichert ist. Auf Abruf. Es ging mir buchstäblich unter die Haut. Wohl daher finde ich zu keiner friedlichen Koexistenz, geschweige denn zu irgendeinem Verbundenheitsgefühl mit meinem Körper. Stattdessen schäme ich mich seiner, ich finde es peinlich, von Haus aus einen zu haben. Nichts und niemand soll ihn ohne meine Erlaubnis berühren. Vor allem kein Arzt. Die Medizin kennt keinen Respekt vor Lebendigem und erst recht kein Mitgefühl; sie will es kontrollieren, es beherrschen. Vielleicht schwer zu glauben, aber wahr: Ich respektiere das Lebendige sehr wohl und bringe starkes Mitgefühl fürs geborene Leben auf, denn Leben heißt in erster Linie Leiden. Wohl darum kann ich gängiger Doppelmoral nur Spott abgewinnen – zum Beispiel dem Glorienschein der Mutterschaft. Stellt Muttersein eine Tugend dar? Quatsch! Was eine Sache wert ist, erweist sich anhand ihrer Umsetzung; unterm Strich bleibt allzu oft Common Nonsens übrig. Ich muss es ja wissen.

Es gibt Dinge, die sind ihrem Wesen nach unverwundbar, ganz gleich, wie lange man sie »bearbeitet« bzw. analytisch umrührt. Gewisse Wunden – auch seelische – schließen sich nicht und vernarben auch nie, sondern schwären weiter. Alles, was man tun kann, scheint zu sein, sich damit abzufinden, so oder so. Angesichts der Tristesse, in der ich die meiste Zeit über dahinvegetiere, frage ich mich oft, wie ich mich überhaupt noch »arbeitsfähig« erhalte, soweit das ein zu berücksichtigender Maßstab ist. Wieso habe ich mich nicht längst in den Schlingen der institutionellen Psychiatrie verfangen – die ich übrigens im Wesentlichen für Barbarei halte bzw. für eben die Krankheit, als deren Kur sie sich ausgibt? Aus Trotz? Aus Urmisstrauen gegenüber Elternfiguren, deren Autorität in der Regel auf gehobenem Sozialstatus und sonst nichts basiert und die sich – bizarr genug – anmaßen, jemandem den Weg weisen zu wollen? Habe ich es dem mir selbst abgelegten Schwur zuzurechnen, mich nie mehr von irgendwem einsperren zu lassen? Oder liegt es am porösen, aber erstaunlich stabilen Firnis aus Askese und Selbstdisziplin, der mich immerhin befähigt, halbwegs normenkonform zu »funktionieren«, im Übrigen in Ermangelung eines Besseren, da Wahlfreiheit in meinem Fall selten mehr bedeutet hat als Entscheidungen zugunsten geringerer Übel?

Dabei schleppe ich mich von einem Tag zum nächsten ohne Zukunft, unter dem Joch einer Vergangenheit, die zerlöchert ist wie Schweizer Käse, ständig erschöpft, mürbe von Schwellenängsten, die durch zähneknirschende Überwindung keinen Deut abnehmen. Kleine Fluchten in Unternehmungen oder Tagträume schließen sich aus, da sämtliche verfügbaren Energien im stumpfsinnigen Überlebenskampf gebunden sind, in hunderterlei Ritualen und Pflichten. Wer nichts anderes kennt als den Krisenstand, dem bleibt kein Raum für Zukunftsfantasien. Unstillbare Bedürftigkeit und fruchtloses Warten auf Sättigung haben mein Bewusstsein auf einen winzigen Brennpunkt eingeschmolzen; nun verhungere ich vor gedeckter Tafel. Wie viel Idiotie steckt in diesem Durchhalten, angesichts der Ausweglosigkeit meiner Lage.

Grauen, ja. Jeden Tag, jeden, mündet es ins gleiche Verlassenheitsgefühl, einen Riss durch die Mitte von allem, so breit und klaffend, dass ich ihn mit nichts auffüllen kann. Eingerollt ins Alltagseinerlei bedroht mich die uranfängliche Erkenntnis, dass da keinerlei Boden unter meinen Füßen ist, um mich zu verankern, nichts, was mich nötigenfalls trägt ... nur gähnende, gleißende Leere, vor der es keine Zuflucht und keinerlei Schutz gibt. In ihr ist kein Platz für Genesung. Spiegel, in denen ich mich wiederzufinden hoffe, bleiben allemal leer: so leer wie einst die Augen meiner Mutter, die doch die einzigen waren, durch die ich mich sehen durfte; sie aber waren so gut wie blind; sie sahen mich überhaupt nicht, sondern verhießen mir Auslöschung. Ihr Blick, der unmissverständlich sagte: *Ich wünsche dich tot, wieso bist du hier?* – war der Blick der Medusa; bei ungeschützter Konfrontation bewirkt er augenblickliche Versteinerung. Er traf mich, und er traf mich nackt; davon kann ich mich nicht erholen. Jenes Blickes wegen sind zwischenmenschliche Begegnungen unweigerlich mit Vernichtung aufgeladen. »Liebe« wird unter den Vorzeichen von Trennung und Verlust zu etwas ebenso Verführerischem wie Destruktivem. Erlebbare Nähe ist unter solchen Bedingungen kaum möglich und muss verunglücken. Insoweit mussten wohl auch Therapieversuche scheitern.

Ich glaube, es liegt an dem Riss in mir – und daran, dass er irreparabel ist.

ALLTAG IM CHAOS DER GEFÜHLE

Die Diamanten der Seele

Katharina Reith

»Borderline« – mit diesem Begriff konnte ich zuerst gar nichts anfangen. Es war mir unerklärlich, wie Menschen mich nur auf Grund von Gesprächen »katalogisieren« konnten. Steckte ich schon wieder in einer Schublade, so wie es mein Vater jahrelang mit mir tat und noch heute tut?

Ich war fassungslos und wütend. Wütend auf mich – nicht auf die Ärzte. Ich dachte, dass ich versagt hätte, ihnen meinen Zustand genau zu erklären, und dass sie mich nur deshalb in die Schublade »Borderline« steckten. Ich war auch wütend auf mich, weil ich mich selbst nicht verstand und nicht wusste, was mit mir los war. So begann ich damals, mich zu schneiden.

Meine Verletzungen beschränken sich auf den rechten Arm und das Abreißen der Fußnägel, bis ich nicht mehr richtig laufen kann. Das Schneiden ist für mich zum Ventil geworden, wenn ich nichts anderes finde, um den inneren Leidensdruck zu verändern. Eigentlich will ich mir ja gar nicht wehtun, aber der psychische Schmerz ist derart stark, dass er nicht mehr auszuhalten ist. Es geschieht jedes Mal dann, wenn ich mich schuldig fühle oder das Gefühl habe, versagt zu haben. Dann wird der innere Leidensdruck so groß, dass ich etwas dagegensetzen muss, etwas, das diesen Zustand beendet. Leider wird der Zustand dadurch nicht beendet, sondern oftmals nur noch schlimmer. Jetzt habe ich nicht nur den seelischen Schmerz, sondern auch den körperlichen und die Resignation obendrein, dass ich mal wieder nicht die Kraft hatte, »gesund« zu reagieren. Das ergibt eine explosive Mischung der Gefühle. Meine Selbstvorwürfe häufen sich und es beginnt ein Kreislauf, der dringend durchbrochen werden muss, weil er sonst mit Suizidgedanken oder Schlimmerem endet.

Meistens ist dann ein Akutgespräch in der Klinik die Folge sowie eine Ruhigstellung mit Tabletten. Ich weiß, dass es »gesunde« Wege gibt, aber ich kann sie in solchen Ausnahmesituationen leider noch nicht anwenden. Dann bin ich noch immer derart gelähmt in meinem psychischen Schmerz, dass mir ein adäquates Handeln nicht möglich ist. Mit Hilfe meiner Therapeutin ist es mir jedoch gelungen, das Schneiden und das Killen der Fußnägel zu reduzieren. Das war ein schweres Unterfangen mit vielen Rückschlägen. Noch immer arbeite ich hart daran, Wege zu finden, die mir ein Schneiden ersetzen – gesunde Wege. Leider ist dieses aber sehr schwer und es erfordert eine große Geduld mit sich selbst.

Früher hatte ich andere Wege der Selbstverletzung, aber die waren auch nicht besser. Ganz im Gegenteil: Es waren Selbstverletzungen, die zuerst gar nicht als solche auffielen, weil sie geschickt verpackt wurden oder nicht gesehen werden wollten. Von mir genauso wenig wie von den Eltern. Es war für beide Seiten wohl einfacher, die Augen zu verschließen und mich mir selbst zu überlassen.

SÄURE IM HERZ

Im Alter von knapp vier Jahren setzte mich mein Vater nachts im Winter barfuß und im Nachthemd im Wald aus, weil ich nicht schlafen wollte. Er zerstörte durch diese Erziehungsmaßnahme mein Selbstwertgefühl und mein Vertrauen, noch bevor sie begonnen hatten zu reifen. Dieses Gefühl des »Weggeworfenseins« hat mich mein Leben lang begleitet und war die Basis für alles, was danach kam. Und das Schlimme ist, dass ich mir die Schuld dafür gab, dass das mit mir geschah. »Wäre ich lieb gewesen und hätte geschlafen, dann wäre das nicht passiert«, war der Gedanke, der sich bei mir manifestierte und später tausendfach bestätigt wurde. Egal, was mit mir geschah, ich war immer selbst schuld daran und glaubte das auch. So wurde an jenem Abend die Basis gelegt für jahrelangen sexuellen Missbrauch durch Onkel, Vermieter und Mitarbeiter meiner Ausbildungsfirma.

Als ich einmal, in großer Not, meinem Vater davon erzählen wollte, meinte er nur, dass alles, was einer Frau zustieße, von ihr provoziert worden sei und sie mit den Folgen allein klarkommen müsse. Er gab mir die Schuld, dass das geschah, und ich war damals zwölf Jahre alt. Wieder lernte ich meine Lektion. Sie fraß sich wie Säure in mein Herz. Ich fühlte mich schuldig und böse, und weil böse Kinder Schläge bekommen, schlug ich mich jede Nacht. Ich schlug mich ins Gesicht, auf den Po, an die Ohren und kratzte mich. Es brachte mir aber nichts. Ich kam aus diesem Kreislauf nicht raus und so wollte ich sterben. Also beschloss ich, die Luft anzuhalten, und endlich wäre alles vorbei, aber ich wachte am Morgen wieder auf und war wütend und zornig auf mich. Schon wieder hatte ich versagt. Ich hasste mich und ich hasste meinen Körper. Ich wurde aggressiv und bekam in der Schule große Probleme. Das brachte mir Nachsitzen und Prügel ein. Wieder war ich die Böse. Jetzt steckte ich endgültig in dieser Schublade.

Ich hatte niemanden mehr, der eine andere Meinung über mich hatte. Ich wurde zur Außenseiterin, zum fünften Rad am Wagen. Ich vereinsamte. So zog ich mich in meine Fantasiewelt zurück. Es war eine Welt der Schlager und der Liebe ohne Tränen. Stundenlang lief ich durch die Wiesen unseres Ortes und hielt Selbstgespräche. Oft belauscht und belacht von der Dorfjugend, die sich einen Spaß daraus machte, mich zu verfolgen. Zuerst fühlte ich mich zutiefst verletzt, aber dann wertete ich das als Zuneigung und ließ sie gewähren. Ja, ich dachte sogar, sie mögen mich und laufen deshalb hinter mir her. Ich fühlte mich besser und war mit meinen Geschichten ab sofort der Klassenclown. Dass sie mich nur auslachten und ihren Schabernack mit mir trieben, konnte und wollte ich nicht sehen. Ich wollte doch auch dazugehören – egal um welchen Preis. Also lernte ich eine weitere Lektion: Gib den Menschen, was sie wollen, und du bist nicht mehr allein! Das tat ich ab damals ständig. Wenn irgendeiner eine Bitte an mich hatte, erfüllte ich sie ohne Rücksicht auf mich und mein Ansehen. Ich klaute, spielte dem Lehrer Streiche, die mir zuvor angetragen wurden, und ich verprügelte Jungs, wenn's gewünscht war. Ich glaubte, endlich dazuzugehören, und merkte nicht, wie ich benutzt wurde und mir selbst schadete.

Später, als ich in die Pubertät kam, änderten sich die Wünsche meiner Mitmenschen, aber nicht meine Haltung. Nun verwechselte ich Begierde mit Liebe und hatte sehr schnell den Ruf eines Flittchens weg. Jeder, der etwas von mir wollte, bekam es auch. Ich machte mir keine Gedanken darüber. Es war ja schon immer so gewesen. Es hatte sich schon immer in meinem kurzen Leben jeder das genommen, was er wollte, und warum sollte es nun anders sein? Außerdem war da noch die falsche Vorstellung, dass es Liebe wäre. Ich redete mir ein, das beliebteste Mädel im Ort zu sein. Ich musste mir das einreden, denn sonst hätte ich nicht überlebt. Jeden Gedanken an die Realität erstickte ich im Keim, denn er wäre nicht auszuhalten gewesen.

Leider nahmen diese Gedanken zu, je älter ich wurde, und so reichten meine Kräfte nicht mehr aus, sie zu unterdrücken. Ich begann sie im Alkohol zu ertränken. Über einen Zeitraum von mehr als sechs Jahren trank ich schon vor dem Aufstehen, um den Tag überhaupt meistern zu können. Ich fühlte mich schmutzig und benutzt, aber alles Waschen half nichts, es änderte meine Lage nicht.

Die ganze Ausbildung hindurch wurde ich begrapscht und genötigt und ich ließ alles zu. Zum einen weil ich dachte, dass ich daran selbst schuld sei, und zum anderen, weil mir ohnehin keiner glauben würde. Ich steckte doch in der Schublade der Bösen, und wer da drin ist, hat sich alles selbst zuzuschreiben.

Ich war fest davon überzeugt, dass ich die Männer zu ihrem Verhalten provoziert hatte und dass ich darum mit meiner Lage auch leben musste – egal wie. Also versuchte ich das Beste daraus zu machen und lernte sehr bald, dass ich auch Macht hatte. Ich forderte nun Dinge für mich und bekam sie auch. Das ging etwa drei Jahre so.

Eines Tages kam ein Mann in mein Leben, der anders war. Er nutzte mich nicht aus, sondern zeigte mir meine Fehler und half mir aus meiner Not. Er war viel älter als ich, aber ich liebte ihn, und so beschloss ich von zu Hause wegzugehen und ein neues Leben zu beginnen. Ich zog viele hundert Kilometer weit weg und war angetan von dem Gedanken, neu beginnen zu können – aber leider kam alles ganz anders.

Ganze drei Tage konnte ich meine neue Freiheit genießen, dann stand mein Vermieter in der Tür und meinte, wenn ich das möblierte Zimmer behalten wolle, sollte ich hin und wieder »nett« zu ihm sein. Meine ganze Hoffnung zerbrach in diesem Augenblick. Ich war am Boden zerstört, und da ich noch niemanden kannte, konnte ich mich auch an niemanden wenden. Ich dachte, dass der das ernst meinte und ich dann obdachlos in einer fremden Stadt wäre. Ich hatte große Angst davor und so beschloss ich eben, das zu tun, was ich kannte. Ich verkaufte mich mal wieder. Ich verkaufte mein Seelenheil für ein möbliertes Zimmer. Nie wieder würde ich nun dem Mann in die Augen schauen können, den ich eigentlich liebte und wegen dem ich umgezogen war. Mir war ganz klar, dass ich mit dieser Vergangenheit auch keine Zukunft haben dürfte, und so trennte ich mich von ihm. Ich lebte nun das alte Leben wieder, nur in einer unbekannten Stadt. Trotzdem fand ich hier Freunde und auch einen neuen Freund, der Jahre später mein Ehemann wurde und mit dem ich nun seit 23 Jahren verheiratet bin.

Allerdings war es bis dahin noch ein weiter Weg, der geprägt war von Selbstverletzungen und von Selbstverachtung bis hin zu mehreren Suizidversuchen, die mich letztendlich in die Klinik und auf den Weg brachten, auf dem ich heute bin.

Aber den Vermieter habe ich ertragen. Wann immer er kam, stand ich ihm zu Diensten und ekelte mich davor. Damals wurde ein Gedanke in mir groß, den ich mir zum Lebensmotto machte: Meinen Körper könnt ihr haben – mich bekommt ihr nicht. Ich glaubte, damit den Stein der Weisen gefunden zu haben, um dieses Dilemma ertragen zu können.

Dann eines Tages traf ich meinen heutigen Mann. Ich fand den Mut, dem Vermieter zu sagen, dass er sich verdrücken solle, weil ich sonst seiner Frau die Geschichte verraten würde. Das war das erste Mal in meinem Leben, dass ich für mich sorgte, und ich wollte nie wieder zulassen, dass Männer Macht über mich haben sollten. So begann ich wie neugeboren, die Zweisamkeit mit meinem neuen Freund zu genießen. Es waren wunderbare Tage und Wochen, aber leider kam die alte Angst zurück und ich begann seine Liebe zu bezweifeln. Das ging so weit, dass ich Streit provozierte, und wenn er darauf einstieg, rannte ich aus dem Haus und machte Schluss. Nie wieder wollte ich weggeworfen werden. Also rannte ich zuerst und fühlte mich dann in meiner Meinung bestärkt, dass er mich leid war und loswerden wollte. »Ich hab's gewusst, ich hab's gewusst, ich bin der letzte Arsch für dich, du wolltest mich ja nur loswerden«, waren meine schrillen Äußerungen ihm gegenüber.

Der Arme hatte nicht die geringste Chance, mich vom Gegenteil zu überzeugen. Ich ließ ihn nicht reden, sondern zeterte so lange herum, bis er wirklich ging. Dann gab ich Ruhe und fühlte mich bestätigt. Und gleichzeitig hatte ich das Gefühl: Ich war das Letzte und hatte ihn nicht verdient. Ich war zu böse für so einen lieben Kerl. Dafür hasste ich mich wieder und erträkte meinen Kummer in Schnaps. Mein Mann jedoch kam immer wieder. Er ließ mich einige Tage in Ruhe und dann stand er erneut da und ich fiel ihm schluchzend um den Hals und gelobte Besserung. Jetzt liebte ich ihn und hasste mich für meine Art. Das ging über Jahre so und ich kann nicht sagen, wie oft wir uns trennten und wieder zusammenkamen. Sieben Mal in sechs Jahren haben wir uns für mehrere Monate getrennt und in einer dieser Trennungsphasen rutschte ich derart tief ab, dass es mir heute noch nachhängt und ich damit noch nicht richtig fertig bin.

Ich möchte das erzählen, weil ich weiß, dass ich nicht die Einzige bin, der das passiert ist.

Wir hatten mal wieder Streit. Es ging ums Geld. Ich dachte, er sei der Meinung, dass ich zu faul sei, und mich darum loswerden wollte: Also beschloss ich ihm zu zeigen, dass ich nicht faul bin, und suchte mir einen Nebenjob. Da ich aber tagsüber berufstätig war, konnte ich nur nachts zusätzlich Geld verdienen – so landete ich in einer Bar, einer richtigen Erotik-Bar. Vorne gab es ein Kino, hinten Séparées und oben Zimmer. Ausgemacht war, dass ich am Tresen bediente, aber es kam erneut anders. Ich hatte mehr Stammkunden als unsere Mädels und so bat mich der Chef, und zwar mit Nachdruck, mich doch auch in die Séparées zu begeben. Ich wollte nicht, aber ... na ja, die alte Geschichte ... Der Wille war da, aber die Umsetzung klappte nicht. Also tat ich das, was man erwartete.

Auch diesmal kam mir mein Motto in den Sinn und so fühlte ich mich in meinem Denken bestätigt. Es war eben nun mal so. Man(n) nahm sich, was man(n) wollte, und ich ließ es zu. Keine Ahnung, warum. Ich dachte sogar, dass ich die Männer beherrschte und dass sie mir zu Willen seien. Oh, welche Fehleinschätzung! So arbeitete ich dort, gegen den Willen meines Mannes, und selbst als die Trennung kam, fühlte ich mich als Sieger. Ich hatte mal wieder Recht auf der ganzen Linie. Die Männer sind alle gleich!! Ihnen geht's nur um Geld oder Sex! Um die andere Person scheren sie sich einen Dreck! Ich war in meinem Element der Selbstzerstörung und merkte es nicht.

So rannte ich blindlings in den Sumpf. Ich sah nicht die helfende Hände, die mich vor der Gefahr bewahren wollten. Ich sah nicht die eigene Zerstörung. Ich sah nicht die falschen »Freunde«. Ich sah nichts mehr. Getrieben von dem Gedanken, dass alle Welt gegen mich und dass ich auch noch daran schuld sei, geriet ich immer tiefer in den Kreis der Vernichtung. Mein Alkoholkonsum stieg ins Unermessliche und meine Arbeit tagsüber litt sehr. Es gab immer häufiger Krach, weil ich wieder gravierende Fehler machte, und so kam eine Abmahnung nach der anderen und meine Arbeitsstelle war in großer Gefahr. Noch immer schlug ich alle Ratschläge in den Wind. Ich wollte mich nicht mehr bevormunden lassen! Ich war überhaupt nicht in der Lage, zwischen Hilfe und Bevormundung zu unterscheiden. Bei jedem Rat, den ich bekam, sah ich eine Kritik, ein Ausschimpfen, eine Verurteilung, eine Ablehnung und damit ein erneutes Wegwerfen meiner Person. »Sie tun das ja nur, weil sie mich vernichten wollen! Ich bin ihnen lästig und sie wollen mich loswerden.«

Lauter solche Gedanken vergifteten mein Denken und Fühlen und machten mir ein gesundes Handeln unmöglich. Ich spürte nicht mehr die Liebe, von der ich *auch* umgeben war. Ich spürte nicht mehr die Sorge meiner Mitmenschen um mich und war nur erfüllt von dem vernichtenden Gedanken, dass alle Welt mir Böses wollte, und das musste ich verhindern, mit allen Mitteln. Also schlug ich verbal um mich. Ich verletzte meine Mitmenschen so, dass sie von mir weichen mussten – und sie taten es auch. Meine Freunde und auch mein Mann zogen sich zurück. Ich war wieder allein. Gefangen in den zerstörten Gefühlen einer kranken Seele. Unfähig, dieses zu merken.

Die Wochen und Monate vergingen und ich wurde Teil einer Welt, die genauso krank und zerstörerisch war, wie ich es war. Heraus kam ich, als man mich zwang, die Zimmer zu bedienen. Das wollte ich nicht. Anfassen war schon schlimm genug, aber nicht mehr. Es war wie ein Schock, als meine vermeintlichen Freunde sich als Zuhälter entpuppten. Da haute ich ab. Aufgeschreckt und aufgewacht aus einem Traum, der sich zum

Alptraum entwickelte, und ich floh in die Arme meines Mannes. Jetzt wusste ich, dass er mich liebte, und mir tat alles wieder sooo unendlich Leid.

Kurz darauf heirateten wir, aber das war noch lange nicht das Ende der Fahnenstange. Es war eine Verschnaufpause. Als der Alltag wieder einkehrte, kamen auch die Zweifel wieder hoch und ich verschwand auf ein Neues. Diesmal blieb ich fast ein Jahr lang weg und reichte sogar die Scheidung ein. Ich konnte mir nicht vorstellen, dass er mich liebte. Das gab es einfach nicht! Einen Menschen wie mich liebt man nicht, den benutzt man. »Nach Gebrauch wegwerfen!«, stand wohl über meinem Leben. Und wenn ich keinen fand, der das tat, tat ich es eben selbst. Ich brauchte das als Bestätigung meiner kranken Gedanken, aber das wusste ich damals noch nicht.

Das Trennungsjahr endete mit einer Vergewaltigung und der Erkenntnis, dass mein Mann doch der Bessere war. Also rief ich ihn an und bat um erneute Aufnahme und um Rücknahme der Scheidung. Beides hat er getan. Bei mir jedoch hatte die Vergewaltigung einen Prozess ausgelöst, der mir im Nachhinein als kleines Wunder vorkommt. Ich konnte nach der Wiederaufnahme meiner Ehe alles Gewesene vergessen und zwar derart heftig, dass man mich drauf ansprechen konnte und ich nichts mehr davon wusste. Mir war nie etwas widerfahren! Ich hatte die glücklichste Kindheit der Welt und so weiter. Der Verdrängungsprozess funktionierte »richtig gut«. Er ermöglichte mir sogar, Kinder zu bekommen, und darüber bin ich sehr froh. Heute, mit all dem Wissen, könnte ich keine Kinder mehr bekommen. Ich hätte dazu nicht mehr den Mut und die Angst vor Körperkontakt wäre einfach zu groß. Damals jedoch habe ich eine Zeit des Vergessens geschenkt bekommen.

Mein Unterbewusstsein jedoch vergaß nichts und so wurde ich krank. Körperlich ging es immer mehr bergab und die Ärzte standen vor einem Rätsel. Ich wurde nach mehreren Jahren unerforschter Krankheiten und Dutzenden Operationen in eine

Psychotherapie gesteckt, gegen die ich mich heftigst wehrte. Dort wurde bereits nach ganz kurzer Zeit mein Panzer des Verdrängens geknackt und alles sprudelte aus mir heraus. Es war wie eine geschüttelte Sektflasche. Je mehr ich dicht machen wollte, weil ich die Erkenntnisse nicht ertragen konnte, desto mehr kam hoch. Der Druck wurde so stark, dass ich den ersten Selbstmordversuch startete. Ich wollte mein zweites Ich nicht sehen. Ich wollte nicht hinschauen auf all die Verletzungen und Demütigungen und ich wollte nicht sehen, wie sehr ich mir dabei geschadet hatte und mich durch mein Verhalten auch verletzte. Mit viel Geduld, auf beiden Seiten, gelang es mir, alte Verhaltensmuster abzulegen und neue – gesunde – zu erlernen.

Leider ist es mir noch nicht ganz gelungen, mit den Selbstverletzungen aufzuhören, aber sie haben ihre Heftigkeit eingebüßt. Ich laufe nicht mehr weg und stelle meine Ehe nicht mehr auf harte Proben. Ich provoziere keinen Streit mehr, um bestätigt zu bekommen, dass mich keiner mag. Ich habe gelernt, die Liebe anzunehmen und sie auch zu genießen, aber das war ein langer Prozess.

DIE ROTEN TRÄNEN DES KÖRPERS

Es gibt sichtbare und unsichtbare Selbstverletzungen, wobei ich nicht sagen möchte, dass die unsichtbaren wirklich unsichtbar sind, sie sind nur auf den ersten Blick nicht so leicht zu erkennen wie die körperlichen Schnitt- und Brandwunden. Wird der Betroffene jedoch beobachtet von Menschen, die ihn wirklich kennen oder lieben, ist auch diese Form der Selbstverletzung deutlich sichtbar. Jetzt wäre ein Aufmerksammachen das richtige Verhalten der Mitmenschen, aber dabei ist größte Vorsicht geboten, denn die Betroffenen befinden sich ja in einem seelischen Ausnahmezustand. Sie glauben ohnehin schon versagt zu haben. Mir hat niemals ein Nachfragen geholfen. Fragen wie »Warum machst du das?« waren die tödlichsten, die es in jenen Situationen gab. Sie machten mir mein Versagen erst recht deutlich und zwangen mich zur Rechtfertigung oder zu einer Erklärung, die ich nicht zu bringen vermochte, weil ich selbst nicht wusste, was mit mir los war. Diese Frage war und ist für mich eine hochgradige Überforderung und so endeten solche Fragen meistens mit einer erneuten Selbstverletzung.

Geholfen haben mir Ablenkungen, ein Gespräch oder eine Umarmung von Menschen, von denen ich mich umarmen lassen konnte. Ein ganz wichtiger Punkt war das Weinen. Wenn es mir gelang, meinen Tränen freien Lauf zu lassen und ich sie nicht unterdrückte, war es wie eine Erleichterung, ein Ablegen der seelischen Last. Dann brauchte ich nicht die »roten Tränen« des Körpers, die ich durch Schneiden an die Oberfläche zwang. Dann hatte ich meine eigenen, glasklaren Tränen und sie waren wie Diamanten für mich. Meine Diamanten der Seele. Ich habe sie so genannt, weil sie wie die richtigen Diamanten auch unter großem Druck entstehen. Das Weinenkönnen ist für mich noch heute ein enormer Schatz und ich bin immer ganz unglücklich, wenn ich sie mir selbst blockiere und dadurch der innere Druck so heftig wird, dass sich die alten Verhaltensweisen wieder einschleichen. Ich empfinde es heute nicht mehr als Schande zu weinen. Aber auch das war ein langer Lernprozess.

Bei einem meiner vielen Klinikaufenthalte sagte mir einmal ein Arzt, ich solle immer dann, wenn ich mir wehgetan habe, etwas Schönes dagegensetzen. Das fand ich zuerst recht lächerlich, weil ich davon überzeugt war, dass ich doch nichts Schönes verdient hätte, aber ich habe es dann doch gewagt und stellte fest, dass er Recht hatte. Auch ich durfte mir etwas gönnen. Ich war nicht immer nur die Böse und die Schlechte. Ich war nicht immer nur ein Mensch, der genommen wurde, wann es den Mitmenschen passte, sondern ich war ein Mensch mit eigenen Gefühlen und Bedürfnissen und ich war mir näher, als sonst nur ein Mensch mir nah sein kann. Das war neu für mich. Ich war mir näher als jeder andere Mensch!? Ups – stimmte das denn? Ja, das stimmte und das stimmt noch heute. Erst durch diese Erkenntnis habe ich gelernt, die Selbstverletzungen zu reduzieren. Ich traf mit meinem Verhalten niemand anderen als mich selbst und ich hatte schon genug Leid zu tragen, da brauchte ich das selbst zugefügte Leid nicht auch noch.

Heute, nach mehr als sechs Jahren Therapie hat sich diese Erkenntnis von damals verfestigt. Allerdings gibt es noch immer Ausrutscher in die alten Verhaltensmuster, aber das ist kein Beinbruch für mich, wenn man nur bedenkt, wie viele Jahre diese alten Verhaltensmuster Gültigkeit hatten. Rückschläge kann es immer geben, aber sie werfen mich nicht mehr aus der Bahn. Sie dienen heute dazu, erneut den Lernprozess zu starten und mutig einen neuen, gesunden Weg zu gehen, weil ich im Alten nicht mehr leben kann – und will.

DIE ANGST UND DAS LEBEN MIT IHR

MARK TIEK

Ich sitze in meiner Wohnung. Seit einigen Jahren ist sie für mich zu einem Schutzbunker geworden. Hier verlebe ich den Großteil meines Lebens. Dies ist mein Versteck, meine Festung, die mich vor dem öffentlichen Leben beschützt. Ich bin zu einem Gefangenen meiner Ängste geworden. Ängste, die mich dazu bewegen, mich selbst wegzusperren, mich daran hindern, frei sein zu können, und mir ein lebenswertes Leben nicht gönnen wollen. Ängste auch, die mich tagtäglich beherrschen und ständig auf sich aufmerksam machen. Es sind sehr viele Ängste, mit denen ich zu kämpfen habe. Die schlimmste und mächtigste ist die »Angst vor der Angst«. Eine Angst, die aus vielen meiner anderen Ängsten entstanden ist, die der Auslöser einer Panikattacke sein kann und auch nur sehr schwer zu bändigen ist. Doch momentan, da schlummert sie vor sich hin, denn ich gebe ihr, da ich nicht so oft meine Wohnung verlasse, kaum die Gelegenheit, sich entfalten zu können. Aber auch wenn sie es denn versucht, Besitz von mir zu ergreifen, dann habe ich glücklicherweise gelernt, mich ein wenig gegen sie zur Wehr zu setzen. Wobei mir das bei meinen anderen Ängsten nicht so gelingt.

KINDHEIT

Wie bei vielen Borderline-Erkrankten erlebte auch ich eine sehr schwierige Kindheit. Ich war ständigen psychischen und körperlichen Misshandlungen über Jahre hinweg, Tag für Tag, hilflos ausgeliefert: Da wird die Angst zu einer Sache, die einfach

74

zum Leben dazugehört. Ich kannte einfach kein Leben ohne Ängste.

Jeden Tag auf der Hut zu sein, um die lauernden Gefahren rechtzeitig erkennen zu können, immer mit dem Schlimmsten rechnen zu müssen, und zwar zu jeder Zeit und an jedem Tag – so erlebte ich meine Kindheit.

Ich hatte Angst vor meiner unberechenbaren Mutter, die eines Abends mit einem Messer in der Hand in mein Kinderzimmer kam, nachdem sie kurz zuvor angekündigt hatte, sich und ihre Kinder umzubringen. Eine Mutter, die, wenn ich es nicht schaffte, mein Mittagessen in einer von ihr vorgegebenen Zeit vollständig aufzuessen, mir eine weitere Portion auf den Teller schaufelte, mir wiederum ein Zeitlimit stellte und dann, nachdem dieses abgelaufen war, versuchte, mir das Essen gewaltsam in den Rachen zu stopfen. Das wiederum hatte zur Folge, dass ich vor jedem sich androhenden Mittagessen eine ungeheure Angst bekam.

Meine Mutter meinte mich oftmals bestrafen zu müssen, indem sie mit allen erdenklichen und greifbaren Gegenständen wie wild geworden auf mich einschlug, sodass ich oftmals mit Kopfverletzungen ins Krankenhaus gebracht werden musste. Sie hatte jeden Tag irgendetwas an irgendwem auszusetzen und zu bemängeln. Ihr konnte man es nie, aber auch wirklich nie recht machen. Die immer etwas fand, um mich beschimpfen, beleidigen und erniedrigen zu können, und auch keine Hemmungen hatte, während ich schlief in mein Zimmer zu stürmen, um aus heiterem Himmel auf mich einzuprügeln.

Selbst auf meine Gestik und Mimik legte sie besonderen Wert. Ich musste immer darauf achten, dass man mir meine Gefühle nicht ansah. Ansonsten musste ich damit rechnen, ohne Vorwarnung ins Gesicht geschlagen zu werden. Ich durfte weder wütend noch beleidigt dreinschauen. Ein Lächeln durfte nur dann bei mir zu sehen sein, wenn es eben meine Mutter erlaubte. Meine täglichen Pflichten bestanden aus allem, was die Hausarbeit so zu bieten hatte. Unterlief mir dabei ein Missgeschick oder führte ich die Arbeit nicht zur Zufriedenheit meiner Mutter aus, so hatte das für mich schwer wiegende Folgen. Egal, was ich auch wie machte: Was heute richtig war, war schon morgen wieder falsch. Meine Mutter machte die Gesetze, an die sie sich selbst nie hielt und die sie beliebig wieder abänderte, sodass ich mir bei jeder meiner Handlungen immer wieder unzählige Male überlegen musste, wie ich sie so ausführen konnte, dass sie am wenigsten Konsequenzen für mich brachte. Somit stand ich immer in großer Angst, mich falsch entschieden zu haben.

Aber auch vor meinem Stiefvater hatte ich große Angst. Denn der schlug noch härter zu. So hart, dass ich einmal eine so starke Gehirnerschütterung hatte, dass sich meine Körpermotorik verselbstständigte. Kurzzeitig konnte ich nicht mehr laufen und meine Arme bewegten sich plötzlich von ganz allein. Das war so abgelaufen: Mein Stiefvater hatte mir mit seiner geschlossenen Faust, in der er den losen Griff einer Türklinke hielt, immer wieder mit aller Kraft vor meinen Kopf geschlagen. Meine Mutter drohte oft damit, dass sie sich sicher sei, dass er mich irgendwann totschlagen würde – und lies mich dann, nach so einer Aussprache, mit ihm allein in der Wohnung. Man kann sich wohl vorstellen, welche Angst mich dann überkam.

Um meine Ängste etwas zu lindern, gab ich meinen Stofftieren eigenständige Persönlichkeiten, positionierte sie kurz vor dem Schlafengehen um mein Bett herum und lies mich von ihnen beschützen. Natürlich wusste ich, dass sie mich nicht wirklich beschützen konnten, doch da ich mit ihnen so sprach, als wären sie eigenständige Personen, die meine Freunde waren, empfand ich dennoch etwas Sicherheit. Die Angst allerdings, dass meine Mutter sie mir wegnehmen könnte, die wurde immer größer, umso mehr ich mich mit ihnen anfreundete. Und das trat auch prompt einmal ein, als sie mir nämlich befahl, sie in den Müll zu schmeißen, wobei mir das Herz fast zerriss.

Auch zu Gott betete ich oftmals mit der Bitte, mir doch endlich einmal zu helfen. Dabei musste ich aber, wie auch bei den Gelegenheiten, bei denen ich mit den Stofftieren sprach, äußerst vorsichtig vorgehen, weil meine Mutter häufig an der Tür lauschte. Die Gewissheit, dass es jederzeit wieder passieren konnte, dass beide Eltern gleichzeitig mit Gegenständen auf mich einprügelten, mich in eine mit beinahe kochendem Wasser gefüllte Badewanne schmissen oder sie beim nächsten Ostern, weil ich die Eier nicht gleich auf Anhieb fand, meinen Kopf wieder in die Toilette stecken könnten, machte mir Angst. Auch befürchtete ich eine Wiederholung der Ereignisse, bei denen meine Mutter blutüberströmt über meinem kleinen Bruder zusammenbrach, weil sie der körperlichen Auseinandersetzung mit meinem Stiefvater unterlag, auch das machte mir unheimliche Angst. Vor allen Dingen deshalb, weil ich *wusste*, dass Ähnliches wieder passieren würde – und auch unzählige Male passierte.

Im Alter von fünfzehn Jahren befreite mich das Jugendamt endlich aus dieser Familie.

HEUTE

Ich habe einen Termin beim Therapeuten, mache mich auf den Weg und verlasse meine Wohnung mit der Hoffnung, bloß niemanden der anderen Hausbewohner anzutreffen. Doch an der Haustüre stehen zwei ältere Frauen, die sich angeregt unterhalten – sie verstummen sofort, als sie mich sehen.

Ich grüße und husche schnell an ihnen vorbei: ein Kraftakt für mich. Das Gefühl, die Angst, sie könnten jetzt über mich reden, ist riesengroß. Dieses Vorbeigehen kostet mich viel Energie, und zwar weil ich mich dabei auf meine Gestik, Mimik, Gangart und Stimme voll konzentriere, um ja nicht »negativ«

auf diese beiden Frauen zu wirken. Auch an der Bushaltestelle versuche ich eine gute Figur abzugeben, versuche aufrecht zu stehen, ruhig und selbstbewusst zu wirken. Keiner der dort wartenden Personen soll bemerken, dass ich Angst habe. Keiner sollte auf die Idee kommen, ich sei schwach, blöd oder sonst etwas Derartiges. Der Bus kommt und ich steige hochkonzentriert und innerlich extrem angespannt ein. Eine große Aufgabe steht bevor: Ich muss mir beim Fahrer eine Fahrkarte kaufen. Die Angst, im Bus unangenehm aufzufallen, in eine peinliche Situation zu geraten, angesprochen zu werden ... das alles erreicht seinen Höhepunkt. Ich prüfe und checke mit einem unauffälligen Blick den ganzen Bus ab. Wer sitzt wo? Wohin stelle ich mich? Wie stelle ich mich? Wo falle ich am wenigsten auf? Hoffentlich schaut mich keiner länger an oder setzt sich mir gegenüber. Was ist, wenn die ältere Dame gleich Hilfe braucht? Ich bin ihr am nächsten und müsste auf jeden Fall helfen. Dann werde ich plötzlich zum Mittelpunkt des Geschehens. Alle werden mich dabei beobachten. Das will ich auf keinen Fall. Was wäre, wenn mir dabei ein Fehler unterläuft? Wenn die Dame stürzt, ich ihre Tasche fallen lasse oder diese selbst gar nicht tragen kann?

Und dann passiert es auch schon: Ich bekomme einen leichten Schwindel. Hitzewallungen steigen in mir auf. Dann schießt mir auf einmal ein Stoß in die Herzgegend und meine gesamte Wahrnehmungsempfindung verändert sich blitzartig. Ich werde innerlich immer unruhiger. In meinen Handflächen rinnt der Angstschweiß. Mir ist klar, dass ich kurz vor einem Panikanfall stehe. Ich habe jetzt Angst vor der Angst. Mein Kopf kann diese ganzen Gedanken und Ängste nicht mehr verarbeiten. Ich bin völlig überlastet und überfordert mit der Situation »Im Bus sein«. Mein Körper versucht mir mitzuteilen, dass ich ruhiger werden muss. Ein Alarmsignal. Wie bei einem körperlichen Schmerz. Aber in so einer Situation werde ich alles andere als ruhiger, im Gegenteil, die Angst vor einem Panikanfall wird immer größer. Erinnerungen an den letzten schwirren durch den Kopf. Es geschah im Fitnessstudio, wo jemand dann schrie, ich hätte einen Herzanfall. Ich wurde auf ein Brett gelegt, während ich, am ganzen Körper zitternd und völlig steif vor Angst, dachte, ich müsse sterben. Oder: Die Attacke, die mich unterwegs auf dem Spaziergang überkam, und ich mich nur mit größter Not noch nach Hause retten konnte, wo ich dann völlig kraftlos zusammenbrach. »Bloß nicht hineinsteigern«, denke ich, »nicht nachgeben, ruhig bleiben, gleich bin ich da, die Haltestelle kommt schon bald, noch drei Haltestellen, noch zwei.« Dabei versuche ich mit aller Kraft, dies alles vor den anderen Fahrgästen zu verbergen. Ich kann nicht mehr schlucken, meine Halsmuskulatur hat sich so verkrampft, als hätte sich mein Hals zugeschnürt. Bei dieser Angst und der extremen innerlichen Unruhe macht sich ein beklemmendes Gefühl in mir breit, dass ich glaube, kaum noch Luft zu bekommen.

Der größte Fehler, den ich jetzt begehen könnte, wäre, schneller zu atmen, denn die Gefahr zu hyperventilieren ist dann groß. Und das wäre katastrophal!

Kurze Erleichterung beim Verlassen des Busses, doch dann die Angst, nach dem Therapeutenbesuch den Rückweg nach Hause nicht mehr zu schaffen.

Beim Therapeuten dreht sich dann alles nur darum: Wie schaffe ich es sicher wieder nach Hause zu kommen? An solchen Tagen grüble ich während des Therapiegespräches insgeheim weiter. Anschließend laufe ich dann meistens den Weg zu Fuß zurück, wobei mir natürlich Menschen auf dem Gehweg begegnen und ich nur immer wieder hoffe, dass sie es nicht bemerken, wie fix und fertig ich bin, und dass ich es hoffentlich schaffe, meine Wohnung unbeschadet zu erreichen.

Mittlerweile habe ich keine Therapie mehr, weil ich mir die Kraft lieber fürs Einkaufen spare. Schließlich ist es verdammt wichtig, etwas zum Essen zu Hause zu haben. Ansonsten geht's nämlich ab auf die geschlossene Akutstation der Psychiatrie, um versorgt zu sein. Aber diese Erfahrung möchte ich nie wieder machen, da es auf solchen Stationen generell unglaublich unsozial zugeht und man, meiner Meinung nach, mit einer akuten Angststörung dort auch fehl am Platz ist. Nur wenn es nicht anders geht, dann geht's eben nicht anders.

Natürlich bekam ich schon als Kind die Auswirkungen meiner ständigen Ängste zu spüren. Ich »vergaß« kurz vor dem Einschlafen das Atmen, was mir natürlich neuerlich Angst machte. Auch meine Nerven machten sich in Form eines Zitterns der Hände bemerkbar, und zwar selbst dann, wenn ich mich nicht in einer beängstigenden Situation befand. Ich erlebte bis weit in meine Jugend hinein immer wieder neue Arten der Angst. Es gab zum Beispiel jene, die mich in dem Heim ergriffen, in das ich leider erst recht spät gekommen war. Niemand, aber auch niemand sollte dort jemals auf die Idee kommen, mich bedrohen zu wollen. Keiner sollte mich je wieder schlagen können. Vor lauter Angst, dass mir so etwas wieder passieren würde, trainierte ich jeden Tag mit meinem Körper. Muskeln, ja Muskeln würden mir helfen. Ich verfiel dem Bodybuilding-Wahn, mutierte zu einem Kraftklotz. Nicht trainieren zu können wäre schrecklich für mich gewesen. Muskeln könnten sich dann reduzieren und meine Sicherheit gefährden. Später kamen die Ängste, die mich begleiteten, als ich obdachlos wurde. Kaum was zu essen, nur Stress und Angst. Immer auf der Suche nach einem sicheren Platz. Gleichzeitig bauten meine Muskeln ab und mein Schutzpanzer fing zu bröckeln an. Das war die Hölle! Ich wohnte zeitweise als jüngster Bewohner in einem Obdachlosenheim. Auch dort erlebte ich immer wieder traumatische Angsterlebnisse. Das ging auch noch weiter, als ich mich schon in meiner Ausbildung zum Kinderpfleger befand. Und schließlich, nachdem ich ein halbes Jahr in einem Kindergarten gearbeitet hatte, war ich voll von Ängsten.

Morgens, wenn ich den Kindergarten betrat, liefen meine ersten Gedanken so ab: »Soll ich jetzt in das Büro meiner Chefin gehen und sie begrüßen? Oder soll ich lieber zuerst in meine Gruppe gehen? Vielleicht ist sie dann aber enttäuscht von mir? Aber was ist, wenn sie gerade mit einem Elternteil im Gespräch ist? Dann störe ich sie und dann ist sie ebenfalls enttäuscht von mir. Enttäuscht darüber, dass ich nicht überlegt habe, dass sie eben im Gespräch sein könnte. Aber wenn sie nun nicht im Gespräch ist ...«

Ich hatte schlicht ständig Angst, mich falsch zu verhalten. Eine der Kolleginnen zu fragen, ob nun ein Gespräch im Büro stattfand oder nicht, das war undenkbar. Sie würden es eventuell merkwürdig finden, wenn ich gefragt hätte, nur um die Leiterin begrüßen zu können. Vor allen Dingen war auch mir klar, dass ich nicht jeden Tag so betont die Chefin hätte grüßen müssen, denn ich wollte ihr nicht zu nahe kommen oder gar als Schleimer auffallen.

Nun, recht unzufrieden und schon gedanklich angestrengt ging ich schließlich an meinen Arbeitsplatz. Unterwegs dachte ich nur: »Hoffentlich ist meine Mitarbeiterin auch da, hoffentlich ist sie nicht krank.« Ich hatte große Angst, die Gruppe allein leiten zu müssen. Dann müsste ich zum Beispiel mit den Eltern der Kinder sprechen, wovor ich eine wahnsinnige Angst hatte, Angst, ich könne dabei versagen, mich unbeliebt machen, etwas Falsches sagen oder erwidern. Auch dass sich beim Ausfall meiner Mitarbeiterin die stellvertretende Leiterin anbieten könnte, mich bei meiner Arbeit mit den Kindern zu unterstützen, wäre für mich ein Grauen gewesen. Sie würde mich dann beobachten und ich dürfte mir keinen Fehler erlauben. Sie sollte nicht von mir denken, ich sei nicht gut in meiner Arbeit.

Alles, jedes Wort, jedes Tun von mir war überlegt. Die Angst, versehentlich etwas Unüberlegtes zu sagen, einen Fehler, egal welchen Ausmaßes, zu begehen, war mehr als groß. Wie denken die Mitarbeiter über meine Kleidung? Über mein Aussehen? Wie komme ich an? Wie würde ich mich selbst finden? Ein Kind wollte sich von mir nicht die Schuhe binden lassen und ging lieber zu meiner Kollegin. Das war für mich schon eine Sache, mit der ich nicht klarkam. Das schmerzte mich so sehr. Ich fühlte mich abgelehnt. Hatte versagt. Und ich wusste keinen Weg, damit umzugehen. Aber da kamen auch schon die nächsten Situationen, mit denen ich nicht umzugehen wusste.

Ich spürte, dass allmählich auch meine Mittarbeiterinnen bemerkten, dass da etwas mit mir nicht stimmte. Ich bekam immer mehr Angst, machte mir selbst Druck. Dadurch passierten mir erst recht Fehler. Versehentlich kippte ich Spülmittel in die Geschirrspülmaschine, sodass diese überlief. Vergaß die Karteikarte mit persönlichen Daten wegzupacken, sodass Eltern darauf schauen konnten.

Wenn ich abends zu Hause war, konnte ich nicht abschalten. Ich hatte Angst vor dem nächsten Arbeitstag. Ich überlegte, wie ich mich für den nächsten Tag kleiden sollte. Es sollte allen anderen, aber auch mir selbst gefallen. Ich malte mir aus, was alles am nächsten Tag passieren könnte, in welche Situationen ich hineingeraten könnte. Wie würde ich dann reagieren? Ob das dann auch richtig war? Und weil ich nicht zur Ruhe kam, schlief ich erst so spät ein, dass ich morgens oftmals völlig übermüdet war und zu spät bei der Arbeit erschien. Damit wurde alles noch schwerer. Dazu kam meine private Situation: keine Familie, kaum Freunde, keine Freundin. Das Umgehen mit den freundschaftlichen Beziehungen bereitete mir große Schwierigkeiten. Auch dort wirkte sich die Nähe-Distanz-Störung aus.

Ich landete schließlich auf einer Psychotherapie-Station. Das war der Beginn meiner Klinikkarriere.

Auf dieser Station verlebte ich ganze fünf Monate, wurde als Borderliner geortet und benahm mich dort auch wie einer. Ich war nicht therapiefähig, fand selbst keine Lösung für meine Probleme und ging mit denselben Ängsten und Problemen wieder nach Hause. Anschließend versuchte ich mein Leben so weiterzuleben, wie ich es eben gewohnt war. Das endete allerdings schon bald mit einer Panikstörung. Wieder ab in die Klinik. Doch eine Klinik zu finden, die wirklich auf Borderline-Symptomatik spezialisiert ist, war so gut wie unmöglich. Und: Wie soll man mit einer Angststörung, mit der man sich kaum traut einkaufen zu gehen, eine Klinik erreichen, wenn sie sich anbieten würde? Wie ich bemerken musste, halfen mir rein praktisch gesehen die gesamten bisherigen Klinikaufenthalte nicht. Zu mehr Lebensqualität führte mich das nicht. Immerhin aber habe ich in der Klinik meine Erkrankung besser verstehen gelernt. Mit einer Nähe- und Distanzstörung sowie einer Angst- und Zwangsstörung eine stationäre Therapie bewältigt zu bekommen ist so gut wie unmöglich. So lange wie bei meinem ersten Aufenthalt hielt ich es entsprechend nicht mehr aus.

Man muss sich einmal vorstellen, wie man sich wohl fühlt, wenn man aus der Einsamkeit herausgerissen und plötzlich in eine riesengroße Menschenmenge geworfen wird. Dieses Gefühl musste ich erst mal verkraften, um danach eine stationäre Therapie angehen zu können. Denn dort befinden sich bis zu dreißig Mitpatienten, dazu noch das Pflegepersonal, die Ärzte und all die Besucher. Dagegen ist eine Busfahrt ein Nichts. In Kliniken also komme ich alles andere als zur Ruhe. Ich muss alle Patienten einstudieren, um genau zu wissen, wie ich mit wem am besten spreche, denn ich möchte ja gemocht und akzeptiert werden. Keine Fehler dürfen mir passieren. Gleichzeitig ist jedes Sich-Zurückziehen so gut wie unmöglich. Wie denn auch bei einem Zwei- oder Dreibettzimmer? Gerade mit einer ausgeprägten Nähe- und Distanzstörung in so einem Mehrbettzimmer untergebracht zu werden ist die Hölle. Denn ständig auf Bereitschaft zu sein, dass gleich jemand ins Zimmer kommen könnte, ständig darüber grübeln zu müssen, wie ich mit dem Bettnachbar umgehen sollte und was der von mir alles denken könnte, das ist der absolute Wahnsinn. Wie soll mir da geholfen werden? Und woher soll ich die Kraft nehmen, um das alles durchzuhalten? Ein Therapeut meinte einmal zu mir, ich sei einfach zu krank fürs Krankenhaus. Das hört sich im ersten Moment etwas widersprüchlich an, ist aber genauso, wie er es sagte, denn die meisten psychotherapeutischen Kliniken sind einfach zu wenig auf die Borderline-Symptomatik eingestellt, sodass ich ihr Angebot gar nicht erst nutzen kann. Ich muss wohl erst gesund werden, um eine Therapie machen zu können.

Natürlich gab es noch mehr Gründe, wie etwa uneinfühlsames Ärzte- und Pflegepersonal, wenig gut durchdachte Therapiekonzepte und noch manches mehr, die mich schließlich dazu bewegten, eine stationäre Therapie vorzeitig abzubrechen. Natürlich: Es gab auch nette Therapeuten, Pfleger und Pflegerinnen, mit denen ich zu tun hatte und die mir auch wirklich versucht haben zu helfen.

THERAPIE

Ich denke heute, dass mir eine Therapie helfen könnte, die nicht in einem typisch strukturierten Krankenhaus stattfinden würde, sondern vielleicht in einem kleinen Haus mit einigen gleich Erkrankten. Ein Haus, in dem jeder seinen eigenen Bereich hat, wo Therapiestunden eher praktischer statt theoretischer Art sind, also mit dem Einüben an konkreten Begegnungen oder etwa indem man zusammen mit dem Therapeuten in die Öffentlichkeit geht. Übungen, bei denen man mit der Gruppe gemeinsam Alltagssituationen durchlebt, um dann in Form einer Gruppentherapie darüber sprechen, sich austauschen und beraten zu können. Einzeltherapie könnte dann noch hinzukommen. Viel zahlreicher müssten Außenaktivitäten vorhanden sein und ein Pfleger oder Pflegerin als Begleitperson zur Verfügung stehen. Und das Wichtigste: Eine Nachbetreuung muss gewährleistet sein, eine Nachbetreuung in Form einer weiterführenden Gruppentherapie. Es ist eine Atmosphäre notwendig, in der Betroffenen ein Gefühl des Beschütztseins vermittelt wird, ein Gefühl, dass sich jemand Gedanken um einen macht, dass man ernst und wichtig genommen wird. Man kann nicht von einem Patienten etwas verlangen, das er noch nicht imstande ist zu leisten. Es ist notwendig, dort zu helfen, wo Hilfe benötigt wird, und gleichzeitig darf vorhandene Selbstständigkeit nicht genommen werden. Ein Beispiel: Ich lasse mir nicht gerne von jemandem sagen, wann ich ins Bett zu gehen habe, wann ich morgens, mittags und abends zu essen habe. Wann ich wie lange vor dem Fernseher sitze. Ich bin ein erwachsener Mensch und habe keinerlei Probleme mit gewissen Dingen, bei denen ich niemanden benötige, der meint, diese Dinge plötzlich für mich regeln zu müssen. Bevormundet zu werden ist kein schönes Gefühl. Therapie wird so eher zu einer Bestrafung als zu einer hilfreichen und sinnvollen Sache.

Für mich ist es ein Widerspruch, wenn ein Therapeut sagt, man solle sich den Ängsten stellen und sich in Situationen begeben, in denen sie dann zur Geltung kommen. Man würde sich daran gewöhnen und auch bemerken, dass ja gar nichts Schlimmes passiert. Den Widerspruch sehe ich darin, dass eine Panikstörung gerade dann entsteht, wenn man sich ständig Situationen aussetzt, mit denen man einfach nicht umgehen kann. Solange ich nicht weiß, wie ich mich in gewissen Situationen verhalten soll, ich mich aber dort immer wieder hineinzwinge, laufe ich Gefahr, alles nur noch zu verschlimmern. Und von wegen: Es kann nichts passieren! Ist ein Panikanfall, in dem man Todesängste durchleben muss, ein Nichts, passiert da *nichts*?

DOSIERUNGEN

Natürlich muss man sich gewissen Dingen stellen, schon allein, um eine Art Gewöhnung nicht zu verlieren, denn dann wird alles nur noch schwieriger und irgendwann traut man sich gar nichts mehr zu. Bei allem im Leben ist die Dosierung wichtig. Wenn man sich gut dosiert seinen Ängsten stellt, dann kann und wird es besser werden. Nicht die Grundängste werden verschwinden, aber zumindest das extreme Angstempfinden vor einem Panikanfall wird sich etwas mildern. Nur ist die Frage: Was ist zu viel und was zu wenig? Ich beispielsweise versuche zweimal pro Woche zum Einkaufen zu gehen. Aber nicht an zwei aufeinander folgenden Tagen. Mindestens ein Tag muss dazwischen liegen. Den sollte man sich zum Regenerieren lassen. Würde ich heute zum Friseur, morgen in den Supermarkt und am dritten Tag zum Arzt gehen, dann hätte ich sehr schnell auch wieder mit einer Panik zu kämpfen.

Helfen kann es auch, wenn ein Freund oder ein Bekannter sich bereit erklärt, mich mit seinem Auto hinzufahren und beim Einkauf zu begleiten. Café- und Discobesuche laufen viel entspannter ab, wenn ein rettendes Auto in der Nähe steht, wobei auch der Fahrer ganz in der Nähe sein muss. Wem es ganz schlecht geht, der sollte das akzeptieren und sich erst einmal keine Unternehmungen zumuten. Das hat weder etwas mit Schwäche noch mit Versagen zu tun, das hat vielmehr etwas mit Auf-sich-Aufpassen zu tun. Die »Augen zu und durch«-Mentalität ist nicht immer das geeignete Rezept, wenn etwas nicht zu klappen scheint. Aber man sollte auch darauf aufpassen, sich

86

nicht alles so bequem wie möglich zu machen. Wer eigentlich das Gefühl hat, etwas ganz allein schaffen zu können, sollte es auch angehen und nicht einen anderen machen lassen.

Natürlich gibt es auch die Möglichkeit des betreuten Wohnens. Mich selbst allerdings überfällt immer wieder ein beschämendes Gefühl, wenn Außenstehende bemerken, dass es sich bei meiner Begleitung um eine Sozialarbeiterin handelt. Deshalb versuche ich vieles Notwendige allein zu regeln. Auch sollte man darauf achten, sich nicht zu sehr auf andere zu verlassen, von ihnen abhängig zu werden, denn was ist, wenn diese plötzlich nicht mehr da sind?

Was mich anfangs ein wenig beruhigte, war, dass ich für Notfälle immer eine Beruhigungstablette mit mir herumtrug, auch wenn ich die meistens nicht mal im Notfall nutzte, da ich einfach Angst vor dem Einnehmen von Tabletten habe. Jemand, den schon genug psychosomatische Empfindungen plagen, der hat einfach zu große Angst, noch zusätzliche Nebenwirkungen durch Medikamente zu bekommen. Jedenfalls sagte einer meiner früheren Therapeuten, dass ich auf jeden Fall Nebenwirkungen bekäme. Bei jedem Medikament. Schon allein wegen der Ängste. Daher war und bin ich gegen eine medikamentöse Therapie.

In der letzten Klinik hieß es zu diesem Thema: »Entweder Sie nehmen die ein oder Sie können gleich wieder gehen.« Natürlich bin ich gegangen. Schon allein deshalb, weil ich mich nicht in die Obhut dieses Oberarztes hätte begeben wollen. Am besten sollte ich gleich drei verschiedene Medikamente zu mir nehmen, so die Meinung des Oberarztes: eines gegen Angst, eines gegen das Misstrauen und dann noch eines gegen Zwänge.

Eine Aussicht auf eine grundsätzliche Besserung ist für mich zunächst nicht gegeben. Zudem musste ich erst noch vor kurzer Zeit erkennen, dass die meisten Anlaufstellen für psychisch erkrankte Menschen auf Psychose-Kranke zurechtgeschnitten sind. Dass es eine Selbsthilfegruppe für Borderliner zumindest in meiner Stadt nicht gibt. Ich habe keine Ideen mehr, was ich von mir aus noch tun könnte, um etwas an meiner Lebenssituation zu verändern. Deshalb werde ich mein Leben wie bisher weiterleben und hoffe, dass sich meine Situation nicht verschlechtert.

Kinderwünsche und die Belastungsproben

Regine Schaub

Eine Frage, die mir immer wieder gestellt wird, ist, warum gerade ich trotz der Störung ein Kind bekommen habe. Eine Frage, die immer wieder wehtut, aber die automatisch in jedem Gespräch auftaucht. Ständig dieses Gefühl, sich rechtfertigen, entschuldigen, erklären zu müssen. Es nervt wirklich. Aber trotzdem bin ich immer bemüht, die Frage zu beantworten.

Vor meiner Schwangerschaft war ich – meiner Meinung nach – stabil. Die Essstörung hatte ich überwunden, auch das Körpergefühl war gut. Ich hatte einen Bezug zu meinem Körper, habe ihn gemocht und auch in der Partnerschaft lief alles bestens. Natürlich hatte ich Zweifel. Aber mein Therapeut und natürlich auch mein Mann haben mich in meinem Entschluss, Mutter werden zu wollen, bestärkt. Damals war ich mir sicher, ein Kind zu wollen.

Heute – mit dem nötigen Abstand – sehe ich das anders. Lange vor der Schwangerschaft meinte mein Mann zu mir: »Gine, ich könnte mir nicht vorstellen, dauerhaft mit einer Frau zusammen zu sein, die keine Kinder möchte.« Dieser Satz hat sich mir eingeprägt, ich habe ihn nie vergessen. Ich wollte niemals Kinder haben. Für mich war immer klar gewesen, dass ich keine Kinder bekomme. Heiraten ja, Kinder nein. Aber da war plötzlich diese Angst. Die Angst, dass mein Mann mich verlässt, wenn ich keine Kinder bekomme. Wenn ich ihm die »normale« Familie, die er sich wünscht, vorenthalte. Ich bin nicht schwanger geworden, um ihn an mich zu ketten. Zumindest ist mir das nicht bewusst. Ich sehe es heute eher als ein Geschenk an. Ein Geschenk von mir an meinen Mann.

Nach dem Absetzen der Pille dauerte es nur drei Monate, bis ich schwanger war. Noch am selben Tag teilte ich dies der Firma mit, in der ich bis dato fünf Jahre beschäftigt gewesen war. Die Geschäftsleitung fing an, mich zu mobben, und unterstellte mir, ich hätte Geld gestohlen. Ich brach nervlich völlig zusammen und wurde sofort von meinem Arzt krankgeschrieben. Dies blieb ich auch bis Ende der Schwangerschaft; die Firma habe ich nie mehr betreten.

Mit vielen guten Vorsätzen bin ich an die Schwangerschaft herangegangen. Ich wollte das Rauchen aufgeben, keinen Alkohol mehr trinken, mich gesund ernähren. Nichts von alledem ist mir gelungen, der Suchtdruck war stärker. So habe ich in all den Monaten fast täglich getrunken und auch weiterhin geraucht. Dazu kamen dann noch die Schmerzmittel, da meine Kopfschmerzen immer schlimmer wurden. Heftige Migräneanfälle, die sich nur mit Hilfe der Opiate ertragen ließen. Schlechtes Gewissen, Scham und Angst waren meine ständigen Begleiter in jener Zeit. Oft hatte ich das Gefühl, mein Kind kann gar nicht gesund zur Welt kommen. Es muss doch Schäden davontragen, wenn ich so wenig auf es achte.

Richtig schlimm wurde es dann ab dem sechsten Monat. Vorzeitige Wehen, der Muttermund hatte sich geöffnet. Ich fühlte mich schuldig. Diese Komplikationen waren ganz allein meine Schuld, da mir der Wille fehlte, etwas an mir zu ändern. Der Gynäkologe verordnete mir Bettruhe, die ich anfangs nicht sonderlich ernst nahm. Ich bin zwar oft liegen geblieben, machte aber weiterhin jeden Mittag einen Spaziergang mit meiner Nachbarin, saß am PC und ging einkaufen. Die Quittung kam schnell und heftig. Blutungen mitten in der Nacht, mein Mann musste den Rettungswagen rufen. Der Arzt untersuchte mich kurz, dann wurde ich mittels einer Trage in den Krankenwagen gebracht. Dort suchte er die Herztöne meines Kindes, aber da war nichts mehr. In dem Moment war ich seltsamerweise ganz ruhig. Ich hörte, mein Kind sei tot, war aber trotzdem ganz ruhig. Keine Gefühlsregung, einfach nur Ruhe.

In der Klinik stellte sich heraus, dass es dem Baby gut ging. Nur mir leider nicht. Ich wurde ins Bett gesteckt, kam an den Tropf und es ging mir schlecht damit. Dieses Gefühl, von dem Pflegepersonal und den Ärzten abhängig zu sein, war kaum zu ertragen. Auch hatte ich immerzu das Gefühl, dass mir niemand dort so recht glaubte. Beispielsweise wurde ich eingeliefert, nachdem ich zu Hause bereits zehn Tage Verstopfung hatte. Damit hatte ich schon immer Probleme und nehme bis heute regelmäßig Medikamente, die in der Schwangerschaft leider nicht anschlugen. Trotzdem verlangte ich nach diesem Medikament. Man gab es mir nicht. Am dritten Tag in der Klinik erklärte sich endlich jemand bereit, mir zumindest ein Abführmittel zu geben. Dieses half nicht. Die Schmerzen im Bauch wurden so unerträglich, dass ich mich nicht mehr bewegen konnte und anfing, regelrecht um Hilfe zu betteln. Mein Mann sprach mit dem Personal, es passierte gar nichts. Im Gegenteil, wörtlich meinte man zu mir: »Das kann gar nicht sein, niemand hat fast zwei Wochen lang Verstopfung.«

Erst meine Mutter, die sich um einiges besser durchsetzen kann als ich, konnte mir helfen. Sie ging direkt zum Oberarzt, erklärte ihm, dass ich psychisch krank sei und wirklich unter Verstopfung leide. Nun endlich – am vierten Tag des Aufenthaltes – bekam ich einen Einlauf. Danach packte ich meine Sachen und ließ mich auf eigene Verantwortung entlassen – natürlich mit der Auflage, strengste Bettruhe zu halten und Medikamente einzunehmen. Acht lange Wochen lag ich im Bett. Ich merkte, wie mein Bauch sich immer öfter bewegte, und das machte mir Angst. Mir kamen Szenen aus Filmen in den Sinn. Bäuche, die plötzlich aufplatzten und kleine Monster aus ihnen herauskrabbelten. Dann gab es Tage, an denen war ich mir sicher, ein entstelltes Kind zur Welt zu bringen. Die Bilder gingen nicht mehr aus meinem Kopf. Auch der Alkohol und die vielen Tabletten konnten da nichts ausrichten. Die Angst verschwand plötzlich kurz vor der Geburt, wurde abgelöst durch die Angst, die Geburt nicht zu schaffen, die Schmerzen nicht ertragen zu können. Und durch die Angst vor der Zeit danach.

DIE ZEIT DANACH

Mein Sohn kam pünktlich zum errechneten Termin am 2. April 1997 auf die Welt, nach drei Tagen Wehen und einer Menge Tränen. Erst wurden meine Schmerzen nicht ernst genommen, dann wurden mir meine Wehen nicht geglaubt. Es war alles andere als schön. Am zweiten Tag bettelte ich um einen Kaiserschnitt, den ich leider nicht bekam. Mein Sohn wurde am dritten Tag per Saugglocke geholt. Fünf Tage sollten wir in der Klinik bleiben, schon am dritten Tag ließ ich mich auf eigene Verantwortung entlassen. Da es meinem Sohn und mir sehr gut ging, war das kein Problem.

Zu Hause brach eine regelrechte Euphorie aus. Ich brauchte keinen Schlaf mehr, stand nur noch unter Strom. Nachts schlief ich allerhöchstens eine oder zwei Stunden. Dies hielt ich knapp zwei Wochen durch, dann kam der Zusammenbruch. Zum Schlafmangel kam noch hinzu, dass ich fast nichts mehr gegessen hatte. Ich war aus der Klinik mit – für meine Begriffe – ca. 20 Kilogramm »Übergewicht« gekommen, das musste schnell wieder runter. Nur Schlafmangel und Nulldiät ließen mich zusammenbrechen. Ich bekam chronische Kopfschmerzen und konnte das Schreien des Babys nicht mehr ertragen. Meine Versuche, wieder mehr zu essen, scheiterten alle. Binnen vier Monaten hatte ich die überflüssigen 20 Kilogramm abgenommen. Aber es sollte noch weniger werden, ich rutschte in die Magersucht. Vor der Schwangerschaft war ich Bulimikerin, aber bereits seit einigen Jahren symptomfrei. Nun sollte es eine Magersucht sein. Mein Gewicht rutschte bis auf 46 Kilo ab, dort kam es zum Stillstand.

Das Verhältnis zwischen mir und meinem Sohn war sehr schlecht zu der Zeit. Er zeigte kaum Interesse an mir. Ich konnte ihn versorgen, mich aber nicht mit ihm beschäftigen. Unbewusst gab ich ihm die Schuld für meinen Zustand. Und litt doch selbst so stark unter Schuldgefühlen. Wenn andere Mütter mit ihren Kindern auf dem Spielplatz waren, blieben wir zu Hause. Andere Kinder durften toben und spielen, mein Sohn musste sich immerzu ruhig verhalten, da sonst meine Kopfschmerzen nicht auszuhalten waren. Ich war völlig überfordert, hatte kaum mehr eine Minute für mich.

Als mein Sohn ca. sechs Monate alt war, zogen wir 400 km von unserem Wohnort weg. Nun bestand nicht mal mehr die Möglichkeit, den Kleinen für einen Tag zu den Großeltern zu bringen, und andere Kontakte hatte ich auch keine mehr – was sich bis heute nicht geändert hat. Ich habe mich in den vergangenen vier Jahren ganz aus dem sozialen Leben zurückgezogen. Ich verlasse das Haus, um einzukaufen oder Arzttermine wahrzunehmen. Ganz selten unternehme ich mit meinem Mann und meinem Sohn einen Ausflug. Bis zum Kindergarten hatte mein Sohn keine Kontakte zu anderen Kindern. Nun geht er seit einigen Monaten in den Kindergarten und er lebt richtig auf. Dabei merke ich, wie mein schlechtes Gewissen langsam weicht. Er hat nun Kontakt, kann toben, kann Kind sein. Ich verspreche mir von den ruhigen Stunden wieder einen Zugang zu mir selbst zu finden. Ich möchte versuchen, meine immer noch chronischen Schmerzen in den Griff zu bekommen, die Essstörung zu bewältigen und meinen Tabletten- und Alkoholkonsum zu normalisieren. Noch flüchte ich vor den Gefühlen, der Angst, den Schuldgefühlen. Ich möchte aber lernen, diese auszuhalten.

Die Angst, in der Erziehung meines Sohnes alles falsch zu machen, ist immer noch da. Und auch die Schuldgefühle halten sich. Manchmal gelingt es mir nicht, meine Wut zu zügeln, dann schreie ich ihn an. Ich werde sehr schnell wütend, aber ich muss die Wut runterschlucken, ich darf sie nicht an meinem Kind auslassen. Das ist schwer und erfordert eine Menge Kraft und Willensstärke. Es strengt an. Oft bin ich erschöpft und kann mir nicht erklären, warum es so ist. Ich könnte mir vorstellen, dass das ständige Runterschlucken meiner Gefühle mich so anstrengt. Ich möchte nicht, dass mein Sohn unter meiner Stimmung zu leiden hat. Oft gelingt es mir, mich zu verstellen. Innerlich schreie ich oder weine, nach außen hin bin ich ruhig und freundlich. Aber immer klappt das nicht.

Der Kleine hat mich schon oft zusammenbrechen gesehen. War mit dabei, wenn ich stundenlang geweint habe und nicht mehr weiterwusste. Mein Mann erklärt ihm dann, ich hätte Schmerzen. Das versteht er und das kennt er. Und darauf nimmt er Rücksicht, da er es von klein auf so kennt. Auch meine Selbstverletzung musste er schon miterleben. In diesen Momenten stehe ich völlig neben mir, nehme meine Umwelt nicht mehr wahr, so auch mein Kind nicht. Erklären kann ich es ihm nicht, ich wüsste nicht, wie. Wie erklärt man einem 3-Jährigen, warum man sich mit der Schere die Hand aufschneidet? Ich weiß es nicht, wirklich nicht.

DIE BEZIEHUNG

Die Tatsache, dass mit der Schwangerschaft viele Symptome wieder auftauchten, die vorher jahrelang nicht spürbar waren, hat natürlich auch die Beziehung zwischen meinem Mann und mir beeinflusst. Er hatte mich als stabil kennen gelernt und musste dann mit ansehen, wie es mir von Tag zu Tag schlechter ging. Er wollte helfen, wusste aber nicht, wie. Er hat mir jedoch sehr geholfen, indem er immer Verständnis und Geduld hatte.

Vieles war ja ganz neu für ihn, aber er hat sich immer bemüht, alles zu verstehen. Ich würde sagen, unsere Beziehung ist durch den »Rückfall« sogar noch enger geworden, als sie es vorher war. Ich streite nicht, ich ziehe mich eher zurück. Und auch das hat er akzeptiert.

Oft habe ich mich gefragt, warum er sich das antut. Warum bleibt er bei mir und verlässt mich nicht? Er hatte mich kennen gelernt als eine kontaktfreudige, schlagfertige, selbstbewusste Frau – und nichts davon ist mehr so, wie es mal war. Heute bin ich überängstlich, depressiv, habe chronische Schmerzen, verlasse kaum das Haus und meide Kontakt zu anderen Menschen. Trotzdem liebt er mich genauso wie vor sechs Jahren, als hätte sich nichts geändert. Oft kann ich das nicht fassen. Biete ihm auch öfter an, dass er gehen kann. Aber das will er gar nicht hören und ich glaube, das würde er auch nie tun.

Auch im sexuellen Bereich hat sich alles geändert. Schon in der Schwangerschaft verlor ich völlig das Interesse an Sexualität. Dies änderte sich auch nicht nach der Geburt des Kleinen. Das Interesse war vollkommen verschwunden, der Gedanke an Sex hat mich teilweise angeekelt. Mein Mann empfand das nicht als so schlimm wie ich selbst. Ich hatte ständig das Gefühl, mich erklären und entschuldigen zu müssen, ein permanentes schlechtes Gewissen. Dazu kam die Angst, er würde sich einer anderen Frau zuwenden, die ihm mehr »bieten« kann. Dieser Zustand hat rund zwei Jahre angehalten, dann wurde es langsam besser. Aber niemals mehr so, wie es vor der Schwangerschaft war. Ich weiß nicht, wie ich diese Zeit überstanden hätte ohne die Geduld und das Verständnis meines Mannes. Er hat nie gedrängt, hat geduldig gewartet, bis ich wieder auf ihn zugehen konnte.

Nach der Geburt meines Sohnes kamen erste konkrete Erinnerungen an die Vergewaltigung, die mittlerweile 22 Jahre her ist. Nach der Tat damals war ich schwanger, das Kind wurde auf Anraten meiner Eltern und einer Beratungsstelle abgetrie-

ben. Mein Sohn hat mich immer wieder an dieses Kind erinnert und irgendwann kamen auch Erinnerungen an die Tat. All
die Jahre hatte ich das Geschehene angezweifelt, dachte teilweise
sogar, ich hätte alles erfunden, um mich wichtig zu machen.
Aber nun waren die Erinnerungen da und ich wusste: Es ist
wirklich passiert. Mit den Erinnerungen kam noch mehr Ekel,
aber auch Trauer und Angst. In der Zeit wurde unsere Ehe auf
eine harte Probe gestellt. Ich beschäftigte mich monatelang nur
noch mit dem Thema Missbrauch und Vergewaltigung, suchte
verzweifelt nach weiteren Erinnerungen und war für andere
Themen nicht mehr zugänglich. Selbstverletzungen wurden
schlimmer, auch tauchten nach vielen Jahren wieder Suizidgedanken auf. Aber auch diese Krise haben wir überstanden!

Nach einigen Monaten war es vorbei, ich konnte mich wieder anderen Dingen widmen, die Symptome wurden wieder
schwächer. Mein Sohn bleibt eine Erinnerung an dieses Kind,
das nicht leben durfte. Aber ich spüre nicht mehr diese Trauer
wie noch vor einem Jahr. Der Hass auf den Täter, der letztes
Jahr so massiv war, dass ich teilweise den Wunsch hatte, ihn
umzubringen, ist auch wieder verschwunden. Geholfen hat mir,
alles immer wieder aufzuschreiben. Ich schrieb Briefe an das
Kind, den Täter und an meine Eltern. Dies half mir mehr als
die Therapie, die ich zu der Zeit machte.

JA, ABER – FAZIT

Die Schwangerschaft und mein Sohn haben eine Menge bei mir
ausgelöst, was lange verschollen war. Hätte ich das vorher gewusst, ich hätte mich aus Angst nicht darauf eingelassen. Aber
ich bin froh, dass ich es nicht gewusst habe. Auch wusste ich
zu dem Zeitpunkt nicht, dass ich unter Borderline leide. Ich
selbst hätte mich damals als symptomfreie Bulimikerin bezeich-

net. Die Diagnose Borderline bekam ich erst nach der Geburt meines Sohnes.

Heute habe ich eine wundervolle Familie. Aber leicht ist es nicht. Oft quälen mich die Selbstzweifel tagelang, um dann wieder zu verschwinden. Diese Tage sind schwer zu ertragen, aber es ist möglich. Ich denke oft, dass ich eine schlechte Mutter bin, dass ich meinem Sohn niemals das geben kann, was eine gesunde Mutter geben könnte. Aber der Verstand sagt mir, dass das nicht stimmt. Ich gebe meinem Kind all meine Liebe, wenn ich das auch nicht immer zeigen kann. Aber sein Verhalten mir gegenüber beweist mir, dass er es spürt und weiß, was er mir bedeutet. Natürlich ist auch immer die Angst da, er könne später selbst an Borderline erkranken. Sollte es wirklich so sein, dann wird er von uns all die Hilfe bekommen, die nötig ist.

Die vergangenen vier Jahre waren hart für mich, bestimmt aber auch wichtig. Es hat sich vieles gelöst, was ganz tief drinnen in mir geschlummert hat. Fragen konnten beantwortet werden und ich habe eine Menge Erklärungen für Dinge gefunden, die ich vorher nicht verstanden habe.

Ich würde jeder Betroffenen, die selbst plant, ein Kind zu bekommen, raten, sich bereits im Vorfeld Ärzte zu suchen, die Verständnis für die Störung haben, die ihr glauben, wenn sie Beschwerden hat, die nicht nachvollziehbar sind. Ich hatte Glück mit meinem Hausarzt, der mich zu dem Zeitpunkt schon viele Jahre kannte. Pech hatte ich mit meinem Gynäkologen und auch mit dem Personal in der Frauenklinik, ebenso mit dem Personal in der Entbindungsklinik. Zu spät hatte ich angefangen, mich um geeignete Ärzte, Hebammen etc. zu kümmern.

Als mir bewusst wurde, dass es Probleme gab mit den Menschen, die mich betreuten, durfte ich bereits wegen der vorzeitigen Wehen das Bett nicht mehr verlassen. So suchte ich mir eine Entbindungsklinik aus, die nur vier Kilometer von unserem Wohnort entfernt war. Die Menschen dort hatten keinerlei Ahnung von psychischen Krankheiten. Meine Schmerzen wurden nicht ernst genommen, meine Verkrampfung wurde mir nicht geglaubt. Immer wieder habe ich versucht, den Hebammen und den Ärzten zu erklären, dass ich selbst diejenige bin, die auf Grund ihrer Angst dafür sorgt, dass der Muttermund sich nicht öffnet. Ich bat um eine Narkose, damit die Verkrampfung aufhörte. Ich bekam sie nicht und musste drei Tage warten, bis ich überhaupt mal mit dem Oberarzt der Klinik sprechen durfte.

Erst dieser zeigte Verständnis, verordnete sofort eine örtliche Betäubung und ein paar Stunden später war mein Sohn auf der Welt – nach drei Tagen und Nächten ohne Schlaf und ohne Essen. Kraft hatte ich keine mehr, sollte aber trotzdem das Kind auf natürlichem Wege zur Welt bringen. Was natürlich misslang, die Saugglocke musste zu Hilfe genommen werden. Wer weiß, dass er sehr schmerzempfindlich ist und zu Verkrampfungen neigt, der sollte offen mit dem Frauenarzt darüber sprechen, sollte im Vorfeld klären, ob es nicht besser wäre, einen Kaiserschnitt zu machen. Bei mir wäre es besser gewesen, aber ich bekam ihn nicht, da niemand meine Probleme ernst nahm.

Wichtig ist – meiner Meinung nach – auch, dass Betroffene Unterstützung in ihrem Umfeld bekommen. Einen Partner, der sie versteht, aber auch Freunde. Freunde haben mir sehr gefehlt und fehlen mir noch heute. Viele Bekannte zogen sich zurück, da sie Probleme mit meiner Schwangerschaft hatten. Mir wurde zum Beispiel von den Freunden meines Mannes unterstellt, ich wäre nur schwanger geworden, um ihn an mich zu binden. Das hat sehr wehgetan und es flossen viele, viele Tränen. Meine beste Freundin zog sich zurück. Ich weiß bis heute noch nicht, warum dies passiert ist. Neid vielleicht? Ich kann es nicht sagen. Der Kontakt wurde nie mehr so, wie er mal war, und heute ist er ganz eingeschlafen. Ich versuchte und versuche immer wieder, Kontakt zu bekommen zu anderen Müttern, aber es gelingt mir nicht.

Eine Borderline-Störung muss kein Grund sein, auf Kinder

zu verzichten. Nur muss man bedenken, dass einiges einfach anders ist als bei psychisch gesunden Frauen. Vielleicht ist das Schmerzempfinden gestört oder jemand empfindet mehr Angst. Dafür muss Verständnis da sein. Wenn dieses Verständnis fehlt, dann werden Schwangerschaft, Geburt und auch die Zeit als Mutter sehr schwer. Jeder sollte ganz offen zu seinem Umfeld sein und über die Gefühle reden. Ich bin mir sicher, ich hätte mehr Hilfe bekommen, hätte ich mich von Anfang an mehr geöffnet. Aber diese Angst, dass mich niemand ernst nimmt, saß so tief, dass ich meist geschwiegen habe.

Im zehnten Jahr

Anonymus

Borderliner sind schrecklich. Sie sind beziehungsunfähig, weil sie echte menschliche Nähe scheuen wie der Teufel das Weihwasser. Jeder, der sich dennoch mit ihnen einlässt oder den Kontakt aus irgendwelchen Gründen nicht vermeiden kann, darf sich auf interessante Zeiten gefasst machen. Symbiose- und Verschmelzungsszenarien bis zur totalen gegenseitigen Abhängigkeit, wüste Abgrenzungsschlachten und Hassausbrüche wegen nichts und wieder nichts, Schwüre, Trennungen und Versöhnungen ohne Dauer, Selbstmorddrohungen, abgrundtiefe Verachtung, gebrochene Absprachen, tief bewegende Wiedergutmachungen: Die ganze Bandbreite emotionaler Dramatik ist geboten. Diese Menschen können so entscheidungsschwach sein, dass sie nicht wissen, ob sie im nächsten Moment ein- oder ausatmen sollen. Nach außen hin teilweise erstaunlich kühl und gelassen, sind sie oft innerlich so stabil wie Hüttenkäse. Die emotionalen Extreme leben sie mit voller Intensität, so etwas wie eine »gesunde Mitte« ist ihnen der Alptraum schlechthin und gleichzeitig eine unerfüllbare Sehnsucht. Manchmal entwickeln sie Minipsychosen, die zwar nur drei oder vier Tage dauern, aber auch erfahrene Psychologen zu der Überzeugung bringen, dass hier Hopfen und Malz verloren sei. Borderliner können ihre Destruktivität auf viele Arten ausleben: Selbstverletzung, stoffliche wie nichtstoffliche Süchte, Zwänge und Phobien aller Art. Das fremdeste Fremdwort im Vokabularium eines Borderliners lautet: Angemessenheit.

Borderliner sind also schrecklich. Das wissen mittlerweile nicht nur Therapeuten, die schon mit ihnen zu tun hatten. Das weiß auf Grund der segensreichen Aufklärungsarbeit der Medien mittlerweile ein jeder. Ich sollte es am allerbesten wissen.

Ich bin seit über neun Jahren mit einer Borderlinerin zusammen. Wir haben einen fünf Jahre alten Sohn. Wir leben zwar nicht in einer Wohnung, aber nahe beieinander. Wir lieben uns. Wie konnte das geschehen?

Wie ich unter die Borderliner fiel

Anfang der neunziger Jahre ging ich in eine psychosomatische Klinik. Ich hatte jahrelang mit mörderischen Depressionen gekämpft und war nicht wirklich weitergekommen. In der Klinik fühlte ich mich gleich wohl, denn ich war unter Menschen. Aber die Klinik fühlte sich mit mir nicht wohl, denn ich hatte Schwierigkeiten mit Regeln. Bevor man mich rausschmiss, gab man mir noch eine Chance in einer Gruppe, die auf so genannte »frühe Persönlichkeitsstörungen« spezialisiert war. Als ich dort aufgenommen wurde, bestand sie aus lauter Borderlinern. Oh weh! Die schweren Fälle. Nach gewissen Anlaufschwierigkeiten fühlte ich mich aber dort genau richtig. Es stellte sich heraus, dass ich auch ein schlimmer und schwieriger Fall war. Kein Borderliner zwar, aber etwas anderes, wofür die medizinische Fachsprache auch einen Begriff hat. Ich hatte mit all den anderen schlimmen und schwierigen Fällen enorm viel Spaß. Ich will damit nicht sagen, dass die Therapie nicht anstrengend, tränen- und konfliktreich war. Es wurde manchmal geschrien, manchmal wurden Türen geschlagen, es gab Rückfälle und Rausschmisse und viel, viel aufzuarbeitenden Kummer. Es gab auch ab und zu die schockierende und bewegende Erkenntnis, dass manche Arten von vergangenem Kummer nicht aufzuarbeiten, sondern nur zu ertragen sind. Aber trotzdem hatten wir Spaß. Wir blieben länger als die anderen in der Klinik. Wir bauten stabile Beziehungen zu den Therapeuten und dem anderen Personal auf, die Küchen- und Rezeptionsfrauen eingeschlossen.

Manche von uns erlebten die Klinik und die wunderschöne Umgebung in all ihren Jahreszeiten. Es gab Krisen und Durchbrüche, Liebeleien, Cliquen, Ausflüge, Geburtstage, Abschiede. Fast wie im richtigen Leben. Ein einziger, in die Länge gezogener Schullandheim-Aufenthalt, mit dem Unterschied, dass das Schullandheim eine pychosomatische Klinik war. Ich war und bin der Überzeugung, dass diese Gruppe (und ihre Therapeuten) das Beste ist, was einem »Frühgestörten« zustoßen kann, von einer so genannten Spontanheilung abgesehen.

Mit einer der Borderlinerinnen »hatte« ich es besonders: die B. Sie gefiel mir. Sie hatte schöne grüne Augen. Sie war sehr lebendig. Und ich war eifersüchtig, wenn sie mit anderen Männern spazieren ging. Ich malte Bilder für sie und ergriff ihre Partei in der Gruppe, damit sie auf mich aufmerksam wurde. Ich scharwenzelte um sie herum. Nicht allzu auffällig, aber doch so, dass sie von mir wusste. Ein paar Mal stritten wir uns auch heftig. Ich war vorsichtig: Der Grund für meinen Beinahe-Rausschmiss zuvor war, dass ich mich in eine andere Patientin verliebt hatte und mit ihr ins Bett gegangen war. Verlieben war in Ordnung, Sex zwischen Patienten nicht. Man ging bei der Klinikleitung davon aus, dass voll ausgelebte Liebesaffären zwischen den Patienten ihre Therapie störten. Ich wollte nicht noch einmal das Risiko eingehen, rausgeschmissen zu werden. Also verliebte ich mich nicht in die B. und an Sex mit ihr dachte ich nur so ganz im Allgemeinen.

Als sie vier Monate nach meiner Aufnahme in die Gruppe entlassen wurde, heulte ich Rotz und Wasser. »Fini«, dachte ich. Die siehst du nie wieder. Drei Monate später wurde auch ich entlassen, gegen meinen Willen. Ich kehrte in eine beschissene Situation zurück – eine völlig kranke WG – und fand die Klinik die interessantere Alternative. Aber ich erinnerte mich an die B. und rief sie an: Ob man sich nicht mal sehen könne. Wir sahen uns, und es stellte sich heraus, dass wir uns gegenseitig immer noch interessant fanden. Also taten wir uns zusammen.

Nach einiger Zeit beschloss B., in meine Stadt zu ziehen. Nicht zu mir, oh nein, das nicht, aber doch in meine Stadt. Sie nahm eine Stelle in einer der Kliniken an, mit der meine Stadt reich gesegnet ist. Ich lebte ein Modell, das ich so schnell wie möglich aufgeben wollte: Halbtags arbeitete ich in der Computerindustrie und die andere Hälfte der Zeit war ich Schriftsteller. Ich wollte ganz werden. Ganz Schriftsteller. In der Klinik hatte man mir Mut gemacht, an eine solche Karriere immerhin zu denken. Nach meiner ersten größeren Veröffentlichung dachte ich: Kann was dran sein. Aber zunächst war ich nur ein halber Schriftsteller.

Nach zwei Jahren mit B. erkannte ich, dass das die längste und stabilste Beziehung war, die ich je gehabt hatte. Trotzdem gab es Probleme. B. betrieb wieder öfter Selbstverletzungen und hatte wieder mehr Essrückfälle. Sie konnte sich in ihrem Beruf nicht mehr so recht einfinden und wich auf einsame Nachtdienste aus, damit sie ihre Kollegen meiden konnte. Sie hatte in manchen Fällen unglaubliche Entscheidungsschwierigkeiten. Die Entscheidung, sich irgendein Fahrzeug zu kaufen, zog sich über anderthalb Jahre hin. Obwohl sie am Anfang einen Motorroller wollte, kaufte sie schließlich ein Fahrrad. Ich begann zu begreifen, dass B. Schwierigkeiten mit dem Geldausgeben hatte, die mit ihrer schwäbischen Abstammung nicht mehr zu erklären waren. Ich machte also eine furchtbare Entdeckung: Meine Partnerin war nicht perfekt. Sie war auch nicht geheilt. Das traf übrigens auf mich genauso zu. Ich ging zwar weiterhin zu Selbsthilfegruppen – B. verfolgte diese Art der Nachsorge weniger entschlossen – und versuchte mich an das zu halten, was ich in der Klinik gelernt hatte, aber es war nicht leicht.

Immer noch war ich sehr leicht kränkbar. Harmlose Scherze von Arbeitskollegen konnten mich tief treffen. Wenn ein Verlag meine Texte ablehnte, konnte ich immer noch tagelang in Selbstmitleid baden. Es kränkte mich auch, dass B. nicht so oft mit mir ins Bett gehen wollte wie ich mit ihr. Wir stritten uns manchmal heftig. Einmal sahen wir uns eine Woche lang nicht, »probehalber«. Ich dachte, das sei das Ende, aber als wir uns nach dieser Woche wieder um den Hals fielen, war ich widerlegt.

Dann geschah etwas eigentlich Erwartbares, das uns dennoch aus heiterem Himmel traf: B. wurde schwanger. Wir hatten kein Geld, wir hatten keine gemeinsame Wohnung und wir hatten als Paar nicht wirklich eine Perspektive, denn wir litten beide an unserer »frühen Persönlichkeitsstörung«. Ganz persönlich wünschte ich mir nichts weniger, als Vater zu sein. Doch das Erste, was ich sagte, als mir B. die Nachricht präsentierte, war: »Das habe ich nie gewollt.« Das war nicht schön, es war nicht romantisch, und wenn ich mir heute unser Kind ansehe, beschämt mich dieser Ausspruch auch, aber es ist die Wahrheit. Der Grund für meinen Schock war einfach: Meine Kindheit war nicht schön. Ich hatte kein wirklich akzeptables Vorbild für eine Vaterrolle. Was das Geld anging, konnte ich mich kaum selbst über Wasser halten. An ein Kind war nicht zu denken.

B. war nicht weniger schockiert. Möglicherweise war ihr familiärer Hintergrund noch zertrümmerter als meiner. Seltsamerweise sah ich sie von Anfang an als gute Mutter, aber sie selbst fühlte sich lange dem Wesen gegenüber fremd, das in ihr heranwuchs. Eigentlich hatte sie ja neben ihrer Arbeit als Krankenschwester das Fachabitur nachholen wollen, und eigentlich war sie auf der Schule erfolgreich, aber schwanger, wie sie war, würde sie es nicht schaffen. Die Zeit reichte nicht. Sie ging in Mutterschutz. Sie wusste nicht, dass es ein dauerhafter Abschied von der Pflege sein würde.

Sex wurde in der Folgezeit schwierig. Ich wurde ungeduldig, aber ich schob es auf die Schwangerschaft. Als unser Sohn auf der Welt war, wurde Sex so gut wie unmöglich, aber ich schob es auf die postnatalen Probleme. Wie sollte ich mich täuschen.

Ich richtete mich mit meiner Vaterrolle ein, so gut es ging – und es ging. Wir fanden ein Wohnmodell, das uns beiden genug Luft zum Atmen ließ: Wir wohnten nahe beieinander, aber nicht in einer Wohnung. Als unser Sohn zwei Jahre alt war, war ich inzwischen beruflich weitergekommen: Ich konnte mich selbst ernähren und den Unterhalt für meinen Sohn bezahlen. Ich war kein idealer Vater, aber ich lernte. Unser Sohn war wunderbar. Mit B. hingegen wurde es sehr schwierig. Körperkontakt war ihr über Monate hinweg zuwider. Es war offensichtlich, dass sie in ihren alten Beruf nicht zurückkehren konnte, aber sie konnte sich das kaum eingestehen. Sie litt an einem chronischen Sparzwang, der sich wie ein unsichtbares Gefängnis über ihren Alltag legte. Sie verletzte sich selbst und hatte verstärkt bulimische Rückfälle. Stumm und still ertrank sie in einem See von Problemen. Ich versuchte zu helfen, sah aber ein, dass ich mich dabei nur in Co-Abhängigkeit verstrickte.

Was meine eigenen Gefühle anging, fühlte ich mich ungeliebt, unbeachtet und betrogen. Betrogen nicht mit einem anderen Mann, sondern mit der Krankheit. Weil *ich* so kränkbar war, weil *mir* so viel vorenthalten wurde, was ich zu verdienen glaubte, weil *ich* so hungrig war, deshalb sah ich mich nach anderen Frauen um. Immer wenn es wirklich brenzlig wurde, schlug ich mir auf die Finger. Aber ich wollte B. bestrafen. Sie sollte sich um mich kümmern. Ich wollte Beachtung! Wenn ich sie spüren ließ, dass ich an der Beziehung zweifelte, sagte sie: »Such dir doch eine Freundin.« Aber ich hatte doch eine! B. entschloss sich, noch einmal in die Klinik zu gehen, in der wir uns beide kennen gelernt hatten. Für drei Monate. Um noch einmal in die Therapie einzusteigen. An den Zwängen zu arbeiten. Weiterzukommen. Ich bebte vor Angst: In der Zeit, in der B. in der Klinik war, sollte ich mehr oder weniger allein für unseren Sohn verantwortlich sein. Als sie nach sechs Monaten wiederkam, wusste ich von mir: Mit der tatkräftigen Hilfe einer wunderbaren Familienhelferin und der Unterstützung durch Freunde und Bekannte kann ich auch das (immerhin gibt es allein erziehende berufstätige Väter, die ohne Helferinnen auskommen müssen). B. kam aber nicht gesund aus der Klinik zurück. Sie wusste nur noch genauer, was ihr fehlte. Sie war mit dem ganzen Debakel ihrer beruflichen Laufbahn konfrontiert worden und hatte keinen Plan für die Zukunft. Ihre Beziehung zu sich selbst und vor allem zu ihrem Körper war noch tiefer gestört, als nach dem ersten Klinikaufenthalt vermutet. Zu alledem machte sie mir Vorhaltungen, dass ich die Wohnung nicht so sauber gehalten hatte, wie sie sich das wünschte. Ich war gekränkt. Wir stritten uns. Es sah nicht gut aus. Ehrlich gesagt: Ich weiß nicht, wie ich diese Zeit durchgestanden habe. Allein wäre es nicht gegangen. Aber mit Freunden, mit sachkundiger Beratung, mit anderen, die meine Gefühle kannten oder zumindest erahnten, klappte es.

UND HEUTE?

Es ist besser geworden, aber ich könnte nicht genau sagen, wodurch oder in welcher Weise. B. hat immer noch keinen neuen Beruf gefunden, aber ich habe aufgehört, ihr Ratschläge zu diesem Thema zu geben, weil ich nicht ihr Berufsberater bin. Demnächst wird sie an einer Berufsfindungsmaßnahme teilnehmen, während ich wieder für sechs Wochen allein für unseren Sohn verantwortlich sein werde. Sie ist immer noch zwanghaft und ich bin immer noch kränkbar. Ihre Macken nerven mich, meine auch. Ich finde es zum Beispiel hoch ermüdend, wenn B. drei oder vier Wochen braucht, um einen passenden Roller für unseren Sohn zu kaufen, weil sie diese Frage sehr, sehr, sehr ernst nimmt. Wir gehen immer noch zu selten miteinander ins Bett.

Unsere Streitereien sind allerdings konstruktiver geworden. Sie dauern weniger lang, sind weniger hasserfüllt und führen zu sinnvolleren Ergebnissen. Ich lasse mich nicht mehr so leicht zu Wutausbrüchen provozieren, wenn B. schnippisch wird. Sie wird schnippisch, wenn sie sich in die Enge gedrängt fühlt und keine Argumente mehr hat. Dann kreuzt sie ihre Arme vor der Brust, setzt ihr Ist-mir-doch-egal-Gesicht auf und sagt: »Ist mir doch egal!« Es ist immer noch so, dass wir uns manchmal missverstehen, wenn wir nicht ganz klare Absprachen miteinander treffen. Dann kracht es gewaltig.

Andererseits ist in den letzten anderthalb Jahren etwas geschehen. Ich kann es vielleicht anhand einer Begebenheit aus meinem Berufsleben erläutern. Als Schriftsteller bin ich auf Grund von Lesungen, Autorentreffen oder sonstigen Gelegenheiten relativ häufig unterwegs. Während eines Kongresses in Frankreich fühlte ich mich wieder einmal sehr einsam. Daheim besitze ich keinen Fernseher, aber auf Reisen klicke ich mich manchmal bis tief in die Nacht durch alle Programme, um die Einsamkeit und die Unruhe zu vertreiben. So auch in diesem französischen Hotel. Vor dem Einschlafen ließ ich die schönen Frauen des Tages Revue passieren – sowohl die echten wie auch jene, die ich in der Glotze gesehen hatte. Da fiel mir plötzlich auf: Die einzige Frau, die mir wirklich etwas sagte, war B. Mit ihr hätte ich mich wohl gefühlt, von ihr hätte ich gewusst, dass sie mich versteht. Eine ganz einfache, aber für mich höchst erstaunliche Tatsache: persönliche, über Jahre gewachsene Vertrautheit.

Es musste wohl etwas daran sein an diesem Gefühl. Ich bin nicht im siebten Himmel, ich gebe keine Schwüre auf die Zukunft ab, aber B. ist meine Frau. Seit neun Jahren schon. Und sie sagt, dass sie ähnlich fühlt.

CHANCE VERTAN –
MEINE ERSTE GROSSE LIEBE

TOM

»Der 22. Oktober 1988, der Tag, der mein Leben verändern sollte. An diesem Dienstag hatte ich meine erste Tanzstunde ...«, nachdenklich klappe ich das kleine Tagebuch zu, in das ich damals die Anfänge unserer Beziehung akribisch notiert habe. Seit diesem Tag sind nun über zwölf Jahre vergangen. Damals ahnte ich noch nicht, welch bitteren Beigeschmack gerade der erste Satz im Laufe der Zeit bekommen sollte.

Ich war zu diesem Zeitpunkt eher unglücklich, da es mir nicht gelang, eine Freundin zu finden. Umso glücklicher war ich natürlich, als ich in der ersten Tanzstunde ein für mich besonders hübsches und attraktives Mädchen kennen lernte, das sich für mich interessierte. Damals, als wir beide riesig ineinander verliebt waren, fiel mir überhaupt nichts auf. Für mich erschien sie zunächst wie ein ganz normales junges Mädchen.

Dennoch habe ich damals schon bald gespürt, dass mich an ihrer Person etwas magisch anzieht, dass es ein Mensch ist, um den ich mich kümmern kann, bei dem ich das Gefühl hatte, ich werde dringend gebraucht. Allein ihre Existenz gab meinem damaligen Leben überhaupt erst einen Sinn, da ich spürte, dass ich zum ersten Mal in meinem Leben einem anderen Menschen Gutes tun konnte, ihm helfen und ihn stützen konnte, nachdem ich schon bei meinen früheren Versuchen, nämlich meiner Mutter zu helfen, immer wieder gescheitert war. So baute ich mich schon damals an ihren Schwächen auf, und ohne dass ich es zunächst bemerkte, baute sich damit für mich eine starke Abhängigkeit von ihrem Verhalten auf.

Ich habe mich immer gefragt, warum mich gerade so eine Person, für die ich eher die Vaterfigur spielte, so stark menschlich wie auch körperlich anzog. Vom heutigen Standpunkt aus verstehe ich manches besser, habe etwas Abstand und fange an, mich selbst zu begreifen. Ich denke, es ging in dieser Hinsicht bei mir hauptsächlich um das Gefühl, dass ich seit meiner Kindheit eine »Schuld« mit mir herumtrage. Als Kind habe ich immer von meinen Eltern vorgehalten bekommen, dass ihre Kinder die Ursache für das Versagen der Ehe und des Scheiterns der Lebenswege seien. Daraus entwickelte sich die Verhaltensweise, immer Gutes tun zu müssen, um diese Schuld abzuarbeiten – und das gilt für mein Leben bis heute. Mir hat es in den Anfängen meiner Beziehung sehr gut getan, mich um einen »kranken« Menschen kümmern zu können, und so habe ich mich an dieser »Krankheit« selbst aufgebaut und wollte nicht die daraus folgenden Konsequenzen sehen, dass so eine Beziehung wenig reelle Chancen in der Zukunft haben würde.

Was ist eigentlich los mit ihr?

Zunächst war einfach alles wunderschön. Vieles konnte und wollte ich bis in die späteren Jahre hinein nicht sehen. Ich war verliebt und glücklich und aus meinem Blickwinkel empfand ich vieles für lange Zeit als »normal« bzw. akzeptierte manches aus eigener schmerzlicher Kindheitserfahrung schlichtweg und dachte, dass schon alles in Ordnung sei. So konnte ich das Bild einer »normalen« Beziehung sehr lange aufrechterhalten.

Was mir schon am Anfang der Beziehung auffiel, waren immer diese krassen Wechsel zwischen Nähe und Distanz, Annahme und Ablehnung. Konflikte wurden nicht durch Ausdiskutieren gelöst, sondern endeten meistens damit, dass man für einige Tage oder Wochen keinen Kontakt mehr hatte. Erst danach fand wieder eine langsame Annäherung statt. Für mich bedeuteten diese Zeiten der Konflikte immer eine besondere

Belastung, in der ich versuchte durch Investition von viel Energie alles wieder »*gut*zumachen«. Die Irrationalität, mit der diese Konflikte geführt wurden, sowie die Geringfügigkeit der Anlässe waren mir damals noch nicht voll bewusst. Ich empfand in mir nur eine richtige Panik und große Angst bei solchen Situationen. Zum einen Angst, den Partner zu verlieren, zum anderen Angst davor, bei einer möglichen Selbstbestrafungsaktion der Partnerin auf einmal als Schuldiger, als Verantwortlicher und Täter dazustehen und von der Gesellschaft geächtet zu werden. Daher hieß meine Taktik schon damals: »Vermeiden, verhindern und vertuschen«, damit niemand etwas von den sonderbaren Dingen merkte, die in unserer Beziehung passierten.

Erst langsam lernte ich mehr von ihrem Innenleben kennen, Schritt für Schritt. Eines Nachts, es war, nachdem ich mir bei einem Arbeitsunfall einen Arm gebrochen hatte, hörte ich im Halbschlaf plötzlich ein hämmerndes Geräusch.

Es dauerte ein wenig, bis ich aufwachte und feststellen konnte, woher das Geräusch kam. Ich erkannte im Halbdunkel, wie meine Freundin mit dem Kopf wie von Sinnen immer wieder gegen einen Bettpfosten stieß. Ich versuchte sie anzusprechen, aber sie reagierte gar nicht darauf. Schließlich packte ich sie mit meinem gesunden Arm und nahm sie in den Schwitzkasten, bis sie aufgab, sich zu wehren, und zu weinen begann. Ich fragte, was denn los sei, und sie antwortete nur, dass sie das mit meinem gebrochenen Arm nicht aushalten würde. Das würde ihr zu wehtun, wenn sie sähe, wie ich leide. Ich versuchte ihr noch einmal klar zu machen, dass es doch nur ein gebrochener Knochen sei, der in wenigen Wochen wieder zusammenwachsen würde. Es gelang mir nicht, sie zu beruhigen, auch nicht in den folgenden Tagen.

Das Erlebte machte mir zunehmend mehr Angst. Okay, Probleme beim Essen, das war ja fast noch etwas Verständliches bzw. auch schon etwas Gewohntes, aber diese ersten offensichtlichen

Selbstverletzungen waren schon etwas anderes. Ich fühlte mich abgestoßen, da ich diese Art des Verhaltens mir gegenüber auch als äußerst aggressiv empfand. Gleichzeitig fühlte ich mich aber auch unendlich hilflos, da ich nicht wusste, was ich tun sollte, oder auch nicht dahinter kam, wieso sie überhaupt so reagierte in dieser Situation. Diese Unfähigkeit zu verstehen sollte in den folgenden Jahren eines meiner Hauptprobleme werden. Langsam aber sicher wandelte sich auch meine Wahrnehmung der Realität. Je öfter solche Handlungen erfolgten, umso mehr versuchte ich ihre Verhaltensweisen als für mich »normal« zu erklären und erlebte dadurch selbst eine Verzerrung der Realität meiner Umwelt. Diese Verzerrung bestimmte auch weiterhin mein Handeln, und ich selbst merkte nicht, wie ich in eine eigene Abhängigkeit von dieser verzerrten Welt geriet und immer nur alles daransetzte, diese Scheinwelt für beide Partner aufrechtzuerhalten.

Als meine Freundin ihr Abitur geschafft hatte, freute sie sich zunächst auf einen mehrmonatigen Auslandsaufenthalt. Wir sahen uns lange nicht und ich hörte kaum etwas von ihr. Als wir uns dann nach dieser langen Zeit wieder sahen, war ich schockiert: Was ich da nach sechs Monaten wieder traf, war eine auf 40 kg abgemagerte junge Frau, deren schwacher Körper deutlich die Strapazen der letzten Monate zeigte. Dies lag aber nicht an der Gastfamilie – die sich liebevoll um sie gekümmert hatte, wie ich im Nachhinein erfahren habe –, sondern einfach an der Tatsache, dass sie mit der Situation, weit weg von zu Hause zu sein, nicht klarkam – und kaum noch gegessen hatte.

Ich selbst litt sehr in dieser Zeit. Die mir entgegengebrachte Liebe nach der sechsmonatigen Trennungszeit empfand ich als zunächst nicht mehr angemessen. Ich hatte sie wahnsinnig vermisst, mich aber nach einem Anstandsbrief damit abgefunden, dass es zwischen uns aus war. Wollte sie jetzt mit mir Schluss machen oder nicht oder welches Spiel spielte sie mit mir? Schon damals kam ich jedenfalls mit diesem Nähe-Distanz-Spiel nicht zurecht. Dennoch war es für mich der Auslöser dafür, mich genauer zu informieren. Ich hatte schon einmal etwas von Magersucht in den Medien gehört. Ich erinnere mich noch genau daran, wie ich mich in jener Zeit in unsere große Stadtbibliothek zurückgezogen und einen ganzen Berg Bücher über Magersucht und Bulimie verschlungen habe. Dies wurde auch der Einstieg für mich, genauer die Probleme mit unseren Familien zu erkennen und wie solche Probleme zu dieser Erkrankung führen. Auch das Schlagwort »sexueller Missbrauch« lief mir beim Lesen zum ersten Mal über den Weg. Mir hat das damals einen starken Halt gegeben, da zum ersten Mal Antworten auf viele Fragen, die ich mir gestellt hatte, gegeben wurden.

Ihre Eltern setzten dann eine stationäre Unterbringung in einer psychosomatischen Spezialklinik durch. Auf der einen Seite empfand ich das als Erleichterung, da ich doch spürte, dass das, was passiert war, kompetent behandelt werden musste und es ohne Klinik nicht mehr gehen würde. Auf der anderen Seite bekam ich mehr und mehr Angst, da ich sah, wie meine Freundin stationäre Hilfe brauchte, d.h. allein nicht lebensfähig war, und mir damit klar wurde, dass die Problematik ein größeres Ausmaß hatte, als ich bisher angenommen hatte.

Dennoch: Was war eigentlich los mit ihr? Diese zentrale Frage war immer noch unbeantwortet. Was ich sehen konnte, war ihr geringes Gewicht, das Magersein. Ich sah ihr Handeln, ihr Verhalten, aber das Warum wurde nie beantwortet. Das große Vakuum in mir blieb, mit vielen fehlenden Antworten auf meine Fragen.

Ich selbst wurde damals nicht mit in die Behandlung integriert, hatte auch selbst nie ein Gespräch mit dem Arzt und den Therapeuten. Mir war nur klar, dass sie ein »Essproblem« hatte, andere Dinge waren für mich noch nicht sichtbar. Es war eher unheimlich, dass niemand das Wort »Magersucht« aussprach bzw. überhaupt etwas in Richtung Diagnose unternahm. Von der Familie selbst wurde dann nach außen hin die Essstörung als primäres Problem dargestellt.

Ich selbst empfand diese Diagnose zum damaligen Zeitpunkt erst einmal als »ausreichend«, um die Verhaltensweisen, die ich erlebt hatte, zu rechtfertigen. Insofern hatte ich auch die Hoffnung, dass diese Essstörung eigentlich ein »leicht« zu behebendes Problem darstellt. Viel schlimmer dann das Abschlussgespräch mit dem behandelnden Arzt bei der Entlassung, von dem ich noch das Ende mitbekommen habe: »... wir werden uns sicherlich wiedersehen. Sie haben den Berg noch nicht überwunden ...« Er sollte Recht behalten.

Bei der nächsten Klinikeinweisung nach einem Suizidversuch einige Jahre später lag der Anfangsverdacht der Ärzte bei »endogener Depression«. Ich selbst wurde bei diesem Aufenthalt in Paargesprächen mit in die Therapie integriert. Dabei ging es aber eher um beziehungsrelevante Fragen, nicht um Diagnosen. Die Ärzte machten mir aber Hoffnung, dass das, was meine Freundin habe, zu beheben sei. Damals ging es schon um die Abhängigkeit von Medikamenten. Unter den Patienten dieser Station hörte ich dann zum ersten Mal das Schlagwort »Borderline«. Das sei wohl eine Art neue Erkrankung, die sehr »seltsam« sei und schwer zu behandeln. Auf der Nachbarstation seien Menschen, die diese Störung hätten. Aber auch bei der Entlassung wurde nicht offen über diese Verdachtsdiagnose gesprochen.

Der erste Arzt, der die Vermutung offen äußerte, war der Therapeut, der die ambulante Folgetherapie übernahm. Er wies dann meine – in der Zwischenzeit – Frau 1998 wieder in die Klinik ein, während einer Therapiekrise, mit dem Verdacht auf Borderline-Störung. Seit diesem Zeitpunkt schwebt das Wort im Raum. Ich selbst hatte es aber bis dahin nicht beachtet.

NICHT WAHRHABEN WOLLEN

Meine damalige Situation im eigenen Elternhaus war unerträglich geworden, da sich meine Eltern schon seit langer Zeit nicht mehr verstanden, und so war ich dankbar, am Wochenende die Möglichkeit zu haben, ein paar Tage andere Luft zu schnuppern. Entsprechend fuhr ich regelmäßig zu ihr und besuchte sie. Vieles ist mir damals nicht gleich aufgefallen. Zu sehr war ich in eigene Probleme in meiner Entwicklung verstrickt. Was ich damals nicht gesehen habe und auch nicht bemerken wollte, waren die Dinge, die unter der Woche passierten, wenn sie allein war. Dazu zählten zum Beispiel auch die Brandwunden an den Händen, die nach ihrer Aussage immer aus Ungeschick entstanden seien. Ich sah auch nicht ihr Essverhalten unter der Woche: wie sie verdorbene Lebensmittel aß, abführte oder sich übergab, auch nicht das exzessive Ausüben von Ausdauersportarten und den Konsum von starken Schmerz- und Aufputschmitteln davor, ebenso nicht den Konsum von Appetitzüglern und anderen Medikamenten, um einfach »die Wirkung auf den eigenen Körper zu testen«.

Ich sah es nicht, aber ich wusste es, irgendwie. Ich wollte es nicht wahrhaben und so verdrängte ich ständig Dinge, die offensichtlich waren, die eindeutig auf Probleme hinwiesen. Innerlich versuchte ich mir ständig klarzumachen, dass das, was ich sah, doch nicht so schlimm sei, und meistens schienen auch alle Probleme bei meiner Anwesenheit besser zu werden. Ich war selig, wenn sie mir dadurch das Gefühl gab, dass sie mich brauchte, wenn ich ihr helfen konnte, Kalorien zu zählen, und sie mir bestätigte, wie gut ihr mein Essverhalten tun würde und wie entkrampft sie mit mir beim Essen sein könnte.

Ja, das hat mir damals sehr gut getan, dass ich für einen Menschen wirklich wichtig war! Endlich konnte ich helfen, aktiv etwas gegen meine eigenen Schuldgefühle unternehmen, die mich seit meiner frühesten Kindheit plagten. So ignorierte ich auch die ersten »gefälschten« Arztrezepte für ihr Schmerzmittel, das sie beinahe unentwegt einnahm. Ich fühlte aber auch diese Ohnmacht, dass die Dinge außer Kontrolle gerieten und ich nicht eingreifen, nichts tun konnte, um das Unheil abzuwenden. Eine Ohnmacht, die mich noch heute verfolgt, gepaart mit dem Wissen, dass ich mich immer wieder selbst belogen habe.

Was mir persönlich damals nur auffiel, war zum Beispiel der exzessive Konsum von Alkohol auf Partys oder in der Disco, außerdem der große Leichtsinn gegenüber der eigenen Gesundheit: etwa das bewusste Überfahren roter Ampeln. Später erzählte sie mir, dass sie irgendwie die Hoffnung hatte, jemand würde sie überfahren und dabei töten. Ich habe das damals für mich als eine Art »Marotte«, eher wie »jugendlichen Leichtsinn« eingestuft, und wollte die zielstrebige Handlung und damit das bewusste Erhöhen des Selbstschädigungsrisikos nicht wahrhaben.

Ähnliches galt für die Tatsache des Schmerzmittelmissbrauchs. Eigentlich wusste ich genau, dass das, was da jahrelang lief, nicht in Ordnung und auch nicht medizinisch sinnvoll war. Die tägliche Einnahme hoher Dosen Schmerzmittel, die illegale Beschaffungsweise, das war nicht nur Missbrauch, sondern ganz klar eine Medikamentensucht.

Nach der Hochzeit eskalierte der Konflikt mit meinen eigenen Eltern und ich fiel selbst in ein tiefes Loch. In dieser Zeit hatte ich kaum Kraft, mich um meine Frau zu kümmern. Gerade in dieser Zeit aber hätte sie mich wohl am meisten gebraucht.

Ich übersah manches und wurde kurz vor Weihnachten 1997, gar nicht lange nach unserer Hochzeit, beim Wäscheeinräumen im Schrank überraschend fündig: Ich fand wieder Arzneifläschchen mit jenem Schmerzmittel, das sie schon Anfang des Jahres zu einem Suizidversuch benutzt hatte, jenes Schmerzmittel, das sie ständig eingenommen hatte vor ihrem Klinikaufenthalt, jenes Schmerzmittel, von dem sie mir versprochen hatte, es nie mehr anzurühren. Ich kann auch heute nur schwer beschreiben, was dies in mir auslöste. Ich fühlte mich zum einen »betrogen«, da ich das Gefühl hatte, ich müsste sie mit ihrer Sucht teilen, zum anderen aber unheimlich verletzt und traurig, da sie wieder diesen Weg wählte, um ihre Probleme zu lösen. Aber anstatt die Flaschen wegzukippen, stellte ich sie wieder so in den Schrank, wie ich sie gefunden hatte. Ich war wie gelähmt, konnte sie auch nicht gleich zur Rede stellen, tat wie immer, als sei alles in Ordnung. Ich schluckte alles runter, wollte es wieder einmal einfach nicht wahrhaben.

Heute kann ich mein damaliges Handeln nicht nachvollziehen, weiß nur noch, wie gelähmt ich mich gefühlt habe im Augenblick der Entdeckung. Zum ersten Mal hatte ich in jenem Moment das Gefühl, meine Frau mit etwas anderem teilen zu müssen. Das tat so unendlich weh. Gleichzeitig kamen auch die ersten Gefühle, dass ich meine Frau an die Sucht verlieren würde, die Beziehung zum Scheitern verurteilt sei. Eine Traurigkeit begann sich einzunisten in meinen Gefühlen, die bis heute anhält.

Erst einige Zeit später sprach ich sie darauf an und informierte daraufhin den behandelnden Therapeuten, der dann auch in der Therapie dieses Thema bearbeitete. Ich war in diesem Moment sehr dankbar dafür, dass auch er versuchte auf sie einzuwirken, die Sucht endlich zu bekämpfen. Irgendwie spürte ich die Gefahr, die uns drohte, konnte ihr aber nicht ins Auge sehen. Den Therapeuten informierte ich auch über die illegalen Beschaffungswege für die Medikamente. Er war höchst alar-

116

miert und der Erste, von dem ich mich mit meinen Sorgen in der Beziehung ganz ernst genommen fühlte. Er war auch der Erste, der ganz konkret äußerte, dass unsere Beziehung an diesem Problem kaputtgehen könnte. Ich selbst fühlte mich im weiteren Verlauf ohnmächtig, handlungsunfähig, hatte Alpträume, in denen ich immer davon träumte, keine Arme und Beine mehr zu haben – der träumerische Ausdruck meiner empfundenen Hilflosigkeit. Dennoch: das Ende der Beziehung wegen so ein »bisschen« Sucht? Nein, das musste ich doch irgendwie anders schaffen können!

In meiner Verzweiflung wandte ich mich an die Drogenberatungsstelle und eine Selbsthilfegruppe. Sie alle boten mir Rat und Gespräch an. Beim ersten Gespräch mit dem Therapeuten wurde mir die Frage gestellt: »Können Sie sich vorstellen, allein zu leben?« Ich empfand es zwar als absurd, mit so einer Frage konfrontiert zu werden, und so lautete meine spontane Antwort damals: »Nein.« Aber mir wurde schnell klar, worauf der Therapeut hinauswollte, dass ich mich nämlich bei dieser Art von Störung auch darauf vorbereiten müsse, mich zu trennen, um nicht selbst unterzugehen. Weiteren Halt fand ich bei der Selbsthilfegruppe. Meine Frau akzeptierte es mehr schlecht als recht, dass ich mir selbst solche Hilfemöglichkeiten suchte und dadurch weniger für sie da war, was wiederum mehr Gewissensbisse bei mir erzeugte und mich in den nächsten Zwiespalt stürzte.

Bei anderen Personen bekam ich meinen Mund nicht auf, fühlte mich ohnmächtig, über meinen Kummer zu reden, ja vertraute mich sogar Freunden nicht mehr an, sondern signalisierte nach außen, dass alles in Ordnung sei, und verlor dadurch auch das Vertrauen von nahe stehenden Menschen, die ganz sicher merkten, dass etwas nicht stimmte. Ich selbst befand mich damals bereits in psychiatrischer Behandlung wegen »periodisch wiederkehrenden Depressionen«. Heute weiß ich, womit die »periodischen depressiven Phasen« zusammenhingen.

Kurz vor dem letzten Exzess, dem die jetzige Trennung folgte, entschlossen wir uns noch zu einer Therapie in der Eheberatungsstelle, aber ich hatte schon das Gefühl, dass jetzt alle Hilfe zu spät kam. Die Therapeutin hatte auch ihre Mühen mit uns. Nach dem letzten Suizidversuch empfahl sie mir, eine eigene Wohnung zu suchen und erst einmal auf Abstand zu gehen, da ich selbst nach wie vor nicht stabil war. Meine Frau empfand meine Trennung als einen sehr aggressiven Akt und fühlte sich von mir allein gelassen. Ich aber dachte, dass nun jeder erst einmal für sich selbst weiterkommen musste.

SUIZIDVERSUCHE – TODESSEHNSUCHT

Schon oft äußerte meine Frau in der Vergangenheit den Wunsch, sterben zu dürfen, einfach nicht mehr da sein zu müssen. Die Art und Weise, wie sie den Tod beschrieb, als etwas sehr Schönes und als einen Zustand, den sie unbedingt bald erreichen müsse. In solchen Sehnsuchtsphasen fanden dann weitere Suizidversuche statt. Oft erzählte sie mir, dass das Einzige, was sie noch in dieser Welt halten würde, einige wenige Personen wären. Dazu zählte auch ich.

Welch untragbare Verantwortung lastete seither auf meinen Schultern! Obwohl mir diese Sehnsüchte immer als so unrealistisch und verzerrt vorkamen, fühlte ich mich doch in der Pflicht, meiner Frau diesen letzten Halt im Leben nicht zu nehmen. Wenn ich nicht mehr wichtig für sie war, was würde sie dann noch in diesem Leben halten? So habe ich auch heute nach der Trennung noch Ängste und Gewissensbisse, wieder der Auslöser für Selbstmordideen zu sein, nachdem ich mich aus dieser Beziehung herausgelöst und ihr somit den letzten Grund für ihr Hiersein genommen habe.

Ich empfand und empfinde diese Sehnsucht fast als das »Unmenschlichste«, was ein Mensch sagen kann. Diese totale Verzerrung der Zustände von Leben und Tod konnte ich nie mit meinem Empfinden in Übereinstimmung bringen. Ich selbst lebe gerne und möchte noch weiterleben dürfen, denn unser Leben ist auch etwas sehr Kostbares, und es hat mich damals sehr verletzt, wie leichtfertig sie mit ihrem Leben umging und darüber dachte. Dazu gehörte nicht nur der Missbrauch von Arzneimitteln, sondern auch das bewusste Experimentieren mit der eigenen Gesundheit. Das eigene Leben ist nichts wert – ein tödlicher Leichtsinn.

Ein Therapeut sagte damals zu mir, dass ein Mensch, der so krank wie meine Frau sei, den Tod vielleicht auch als eine Erlösung empfinden würde. Er meinte, dass sie ihr Leben ja sehr intensiv leben würde. Lieber ein kurzes intensives Leben mit tragischem Ende als eine lange Leidenszeit? Irgendwie habe ich auch heute noch Probleme mit dieser Aussage. Und vor allen Dingen: Ist sie wirklich so krank? Ich als Außenstehender nehme das oft nicht so wahr. Ich habe einfach keine Vorstellung von dem, was in meiner Frau vorgeht. Und so stehe ich auch dieser Sache heute noch hilflos gegenüber – mit einem Unterschied: Ich akzeptiere nun meine Hilflosigkeit, dass ich nämlich nicht verstehen, eingreifen und verhindern kann.

DIE TRENNUNG

Ich selbst fühlte mich nach all dem, was geschehen war, ohnmächtig und konnte mich lange Zeit nicht mit dem Gedanken auseinander setzen, wirklich die Zelte abzubrechen und mich aus der Beziehung herauszulösen. Zum ersten Mal beschlich mich der Gedanke, mich von ihr zu trennen, als ich kurz nach der Hochzeit das Medikamentenlager entdeckte. In der Folgezeit häuften sich diese Gedankengänge, bei jedem neuen Exzess wurde es schwerer, sich gegen die Realität, das drohende »Aus« der Beziehung zu wehren. Umso mehr versuchte ich gegen das Scheitern anzugehen und versuchte den Schein zu wahren. Aber mit jedem Suizidversuch von ihr wurde es schwerer, die Trennung hatte schon längst in meinem Herzen begonnen, das sich, tief verletzt, immer mehr vor ihr verschloss.

Zwischendurch gab es aber auch scheinbare Zeiten der Erleichterung, in denen ich die Trennungsgedanken ganz weit wegschob und mir immer wieder die Hoffnung der heilen Welt aufbaute. Wahrscheinlich belog ich mich dabei auch sehr oft selbst, in der immer neuen Hoffnung, dass alles wieder gut werden würde, bevor ich merkte, dass die Probleme sich nur verschoben hatten. In mir erzeugte ihr Verhalten letzten Endes dann nur noch Aggression und Ekel, und dies höhlte die Beziehung und meine Liebe zu ihr zunehmend aus. Die innere Traurigkeit wuchs und damit auch mein innerer Hilfeschrei nach einer Trennung. Ich fing an, mir öfter vorzustellen, wie es wohl sein würde, allein zu leben, noch einmal einen neuen Anfang zu machen und alles hinter mir zu lassen. Gleichzeitig fühlte ich mich gefangen in den Strukturen, unfähig etwas zu verändern und zu bewegen.

In der Folgezeit entwickelte sich die Erkrankung in Wellen. Es gab Zeiten, da war fast alles »normal«, und dann gab es Exzesse, die bis hin zu Suizidversuchen gingen. Wenn dann die Nächte voller Medikamente durchgestanden waren, hatte ich immer vor, zu gehen – die Koffer waren sogar schon einmal gepackt –, schaffte es aber nie. Was hat mich zurückgehalten? Die Scham, vor der Außenwelt alles zugeben zu müssen? Aufgeben und sich eingestehen zu müssen, dass man versagt hat? Ich denke, es waren viele Gründe, aber vor allen Dingen immer die »normalen« Phasen zwischendurch, die mich daran hinderten, einen Schlussstrich zu ziehen, und die die Hoffnung aufrechtzuerhielten, doch noch dauerhaften »Frieden« zu erlangen.

Nach dem letzten Suizidversuch war es, als wäre ein Schalter umgelegt worden. Ich funktionierte auf einmal ganz automatisch und begab mich auf Wohnungssuche. Es war auf einmal ein Programm, das automatisch ablief, so als ob es schon seit einigen Jahren programmiert worden wäre. Es war wie ein »Skript«, das in Notfallsituationen automatisch abläuft. Auf einmal wurden meine ganzen Gedankenkonstrukte Realität: Ich handelte. Ich hatte wieder Arme und Beine, ich war aktiv, wechselte mein Umfeld. War das Fass übergelaufen? Ich weiß nicht genau, was der Auslöser war, dass das Skript auf einmal lief. Ohne weiter darüber nachzudenken, ging ich Schritt für Schritt einen anderen Weg und trennte mich.

Seither ist einige Zeit vergangen und ich habe den Schritt nie bereut, obwohl ich in der Zwischenzeit immer wieder viel weinen musste und spüre, dass ich es noch lange nicht geschafft habe, diese Zeit zu verdauen. Aus der Ferne betrachtet frage ich mich nur, wie ich das die ganze Zeit lang ausgehalten und geschafft habe? Abstand tut gut und die Wunden können verheilen, aber einiges wird auch bei mir zurückbleiben. Vieles ist noch zu überwinden an eigenen Problemen des Co-Abhängigen. Der erste große Schritt aber ist geschafft und darauf bin ich stolz. Jetzt müssen noch viele kleinere folgen.

FREE JAZZ IM KOPF

JENNY & CO.

Ich mag keine Schubladen im Kopf. Für gar nichts. Ich glaube an die Einzigartigkeit der Lebewesen, der Dinge, der Ereignisse. Das ist schön. Das ist anstrengend. Jeder Tag ist mit Neuigkeiten gefüllt, mit Erlebnissen. Mit Nie-Dagewesenem. Das überfordert mich oft. Dann denke ich, es ist doch leichter mit so ein paar Schubladen. Sie geben einem Orientierung.

Da begegnet mir jemand: zwei Meter groß, Bart, Brille, Anzug. Er möchte mir etwas verkaufen. Also mache ich die Schublade »Geschäftsmann« auf. Geschäftsmänner müssen freundlich sein. Das hat nichts mit Sympathie zu tun, sondern mit Kundenwerbung. Kunde ist König. Ich muss distanziert sein, um einen günstigeren Preis herauszuhandeln. Wenn ich gar nichts kaufen will, hilft nur deutliche Ablehnung. Im Zweifel einfach stehen lassen, den Zwei-Meter-Mensch. So sagt es meine Schublade. Alles ganz simpel.

Wenn ich die Schubladen ignoriere, bemerke ich plötzlich den Geruch meines Gegenübers. Nicht das Rasierwasser, das kundenbetörend den reichen Unternehmer mimt, sondern den Duft von Angst und Müdigkeit, das salzige Schwitzen kindlicher Erregung. Ich sehe hinter den Brillengläsern zwei unruhige dunkle Augen, die suchend über mein Gesicht hasten wie junge Spürhunde. Ich bemerke bebende Nasenflügel, die den Vanilleduft aus meinen Locken saugen im Zwiespalt zwischen Abstand und Nähe. Ich bin verwirrt. Verwirrt von dem großen kleinen Jungen, der da steht, der behauptet, er wolle mir etwas verkaufen, und mit seinem ganzen Körper, seinem Atmen, seinem Lächeln ausdrückt, dass ihm der Verkauf egal ist. Ich bin ihm wichtig. Ein bisschen zumindest. Er schämt sich für die vielen Worte, die er da auf mich hinunterschüttet, obwohl er selbst nicht von ihrem Inhalt überzeugt ist. Wenn ich jetzt an die Richtigkeit von Schubladen glaube, dann sage ich »Nein, danke« und lasse den Bärtigen einfach stehen.

Wenn ich an mich glaube, an die Liebe und den Sinn von Chaos, dann höre ich zu, bis sich eine Gelegenheit ergibt – eine Gelegenheit für einen Scherz, einen Kaffee, einen Moment außerhalb des Dienstgeschäfts. Dann sitzen wir ein paar Stunden später im Bistro, gestehen uns, dass es auf der Messe viel zu laut ist. Er erzählt, warum er Verkäufer geworden ist und was er sich als Kind immer erträumt hat. Ich erzähle, dass ich gerade einen Therapeuten suche oder dass ich Gummibärchen mag. Es ist schön, so zu sitzen, zu erzählen, sich wirklich zu begegnen. Nicht nur dem aalglatten, krawattenverschnürten Verkäufer, sondern dem Menschen voller Träume, Ängste und Gefühle.

Es ist schön, aber es ist auch nicht leicht. Wir haben eine Grenze überschritten. Manche Leute denken, sobald eine Grenze überschritten ist, ist alles erlaubt. Wer zusammen Kaffee trinkt, könnte auch zusammen schlafen, zusammen verreisen, zusammen Kinder bekommen. Vielleicht. Vielleicht auch nicht. Da ich mir jedes Mal neu überlege, wo eine Grenze für mich wichtig ist, nennen mich die Ärzte »Borderliner«. Ich glaube, es ist leichter für sie, wenn sie so einen Namen haben. Einen Begriff, der das Chaos subsumiert und jeden Therapeuten davon freispricht, er müsse wissen, was zu tun ist. Borderliner sind schwierig. Es gibt schon viele Bücher über sie, aber immer noch kein Rezept, wie die Grenzgänger zu behandeln sind. Sie bestehen offensichtlich auf ihrer Einzigartigkeit. Das ist das, was mir an der Diagnose gefällt. Depressionen kennt jeder. Dafür muss niemand Arzt sein, um damit etwas zu assoziieren. Wenn jemand sagt: »Ich bin depressiv«, dann stülpt er sich damit ein schwarzes Tuch über, das für jeden sichtbar ist. Depression ist das Vegetieren am Abgrund der Dunkelheit. Jeder weiß, dass es Dunkelheit gibt. Und Licht.

Wenn ich sage, ich habe ein Seil über den Abgrund gespannt,

balanciere darüber und falle der Tiefe manchmal ein Stück entgegen, um diese Tiefe, das Seil und alles aus den Augen zu verlieren, irgendwo in dem Lichtermeer eines Augenblicks, dann versteht das nicht jeder. »Manisch« katalogisieren die Ärzte solche Bodenlosigkeit gerne. Vielleicht weil sie Grenzen für gesund halten. Ein Berlin ohne Mauer war auch gewöhnungsbedürftig für die meisten.

Diagnosen sind so ähnlich wie Musikrichtungen. Man kann den Begriff im Lexikon nachschlagen und da steht dann etwas geschrieben. Ich glaube, es hat etwas Beruhigendes, wenn man etwas irgendwo nachsehen kann. Aber wirklich begreifen, was die Musik meint, kann ich nur, wenn ich sie höre. Dabei ist natürlich eine Sonatenhauptsatzform klarer zu beschreiben als etwa Free Jazz. Man muss ihn wirklich hören.

Wenn ich Musik mache, bevorzuge ich die Improvisation. Wenn ich ein Wort dafür benutze, nehme ich gerne »Free Jazz«. Das trifft es nicht wirklich. Aber ich mag es trotzdem. Free Jazz entstand als Ausbruch aus den vorgegebenen musikalischen Konventionen und reflektierte gleichzeitig den Befreiungskampf der afroamerikanischen Bevölkerung.

Borderline ist so ähnlich.

Es gibt keine Vorhersagbarkeit, weil jeder Moment einen Effekt hat, den wir maximal zeitgleich, aber oft auch erst rückwirkend erfassen können. Improvisation heißt, das zu wissen und darauf zu reagieren.

Aus musikalischen und inhaltlichen Gründen stießen die Musiker aus dem Bereich des Free Jazz anfangs auf scharfe Ablehnung. Mehrfach wurde ihnen jegliches Können abgesprochen. Die Bereitschaft, aus den gängigen gesellschaftlichen Konventionen auszubrechen und sich einer freieren, undogmatischen Ausdrucksform zu öffnen, ist selten kritiklos akzeptiert worden. Das gilt nicht nur für die Musik, es gilt für jede Kunst, auch die Lebenskunst.

Ich habe einige Zeit gerne meine Arme mit Glasscherben zerkratzt, wenn ich sehr unglücklich war. Schmerz lenkt von Schmerz ab und ich fand das besser als Alkohol, Zigaretten oder Medikamente – all dieses Zeug, das von unserer Gesellschaft so stillschweigend akzeptiert wird. Ich wollte keine Methode, die andere akzeptieren. Ich wollte selbst akzeptiert werden, mit meinem Schmerz. Es ist schwierig, weil blutige Arme eine starke Abwehr auslösen. Die Menschen sehen weg, nicht hin. Dabei wollte ich mich mitteilen. Von dem Chaos im Kopf etwas abgeben. Es gab keine Sprache dafür. Die Worte sagten es immer verkehrt. Die Wörtersprache ist zu begrenzt für die Dimensionen in meinem Inneren. Aber zum Glück gibt es noch andere Sprachen. Es gibt Farben. Es gibt Musik. Es gibt Bücher, die mit ihrem heimlichen Betrachter ganz andere Gespräche führen können als das laute Geplapper einer Diskussion.

Unterdessen habe ich Leute über meine Geschichten weinen sehen, ich habe leuchtende Augen gefunden, die die Farben auf meinen Bildern reflektierten, und ich habe Menschen gesehen, die zu meiner Trommelmusik tanzten. Ich habe dann gesagt: »Ich bin ein Künstler.« Ich nenne die Musik Improvisation. Vielleicht ist das auch eine Schublade, aber sie ist mindestens sehr groß und bunt.

Die Menschen klatschen und gratulieren mir, ich hätte das schön gemacht, sagen sie. Und heimlich, still und leise haben wir eine Grenze überschritten, die anderen und ich. Ich finde das schön.

HILFEN

DER WEG INS AUTONOME LEBEN

CINDY

DER ANFANG

Das erste Mal kam ich nach einer Fehlgeburt in die Psychiatrie. Ich hatte auf diese Fehlgeburt so stark reagiert, dass die Ärzte mich direkt in eine psychiatrische Klinik verlegen wollten. Damit war ich nicht einverstanden. Durch eine befreundete Ärztin wusste ich von einer psychologisch-medizinischen Station in einem Allgemeinkrankenhaus, in das ich stattdessen gehen wollte. Das heißt, eigentlich wollte ich überhaupt nicht gehen. Psychiatrie? Nein, das hatte ich wirklich nicht nötig. Außerdem war ich Mitglied einer Freikirche – und da hieß es: Man muss nur beten, dann wird Gott alles so machen, wie es sein soll. Demnach brauchte ich in gar keine Klinik.

Nachdem die Ärzte mir aber mit einer Zwangseinweisung drohten, entschloss ich mich, »freiwillig« in die Klinik zu gehen. Ich dachte: Wenn ich freiwillig reingehe, dann kann ich auch freiwillig wieder rausgehen. Ich war also quasi »freiwillig-gezwungen« dort – das war allerdings keine gute Basis für eine Therapie.

In der Klinik angekommen, konnte ich den Ärzten und Psychologen dort erst mal etwas vorspielen. Das hatte ich in meinem Leben nur allzu gut trainiert. Ich brachte eine Menge Medikamente mit und versteckte sie in einer Süßstoffdose. Diese Medikamente (überwiegend Valium) hatte ich zu Hause lange Zeit in großen Mengen von meinem relativ gleichgültigen Hausarzt bekommen – und später dann auch über den Schwarzmarkt besorgt.

Mir war klar, dass ich diese Medikamente in der Klinik nicht haben und nehmen durfte, aber ich war sehr geschickt. Bei der

Aufnahme gab ich an, dass ich einige Medikamente von zu Hause bei mir hätte, und fragte ganz naiv (natürlich mit Berechnung), ob ich diese abgeben müsse. Das musste ich natürlich, aber dadurch wurde bei mir nicht weiter nach Medikamenten gefragt.

So kam ich in der ersten Zeit in der Klinik ganz gut über die Runden. Die Ärzte meinten, dass es mir gar nicht so schlecht ginge, wie sie im Vorfeld gehört hatten – und dass es sich nur um eine reaktive Depression handele. Dann kam der Zeitpunkt, an dem mir die Medikamente ausgingen. Zwar hatte ich inzwischen von Mitpatienten Medikamente gesammelt, aber die meisten davon kannte ich nicht. Als ich diese Medikamente einnahm, hatte ich kein Maß für sie. Da ich schon das Valium in großen Mengen genommen hatte, schluckte ich auch die neuen Medikamente in großen Mengen. Schließlich sollten sie ja auch wirken. Das Ganze fiel jedoch auf, da ich danach durch den Flur schwankte. Der Arzt sah mich und fragte, was ich genommen hätte. Da ich über alles genau Buch geführt hatte, erfuhr der Arzt sehr genau, um welche Medikamente in welchen Dosierungen es sich handelte. Damit wusste er auch, wie stark ich von Medikamenten abhängig war, zumal bei so einer Menge von Medikamenten jeder »normale« Mensch, laut Aussage des Arztes, mindestens drei Tage geschlafen hätte. Doch ich spazierte über den Flur – wenn auch schwankend.

ES WIRD ERNST

Nach diesem Zwischenfall wurde es ernster mit der Therapie. Ich bekam häufigere Gespräche bei dem Psychologen und eine Verlängerung auf Grund der neuen Problematik.

Ich wollte und konnte mich dem Arzt und dem Psychologen anfangs nicht mitteilen und war auch nicht in der Lage zu sagen, was wirklich mit mir los war. Mit dem Arzt hatte ich mich sogar mehrmals gestritten. Aber der Psychologe war irgendwie anders. Bei ihm sollte ich in einer Gruppensitzung am autogenen Training teilnehmen. Das konnte ich jedoch auf Grund meiner damaligen Mitgliedschaft in der freikirchlichen Gemeinde nicht, denn so was war in den Augen unserer Prediger satanisch.

Trotzdem ließ ich mich nach einiger Zeit darauf ein. Ich hatte erwartet, dass ich nun auch mit dem Psychologen Probleme bekäme. Aber er ging die ganze Situation ruhig und gelassen an. Er setzte mich in keiner Weise unter Druck. So bekam ich mit der Zeit doch ein gewisses Vertrauen und versuchte mich Stück für Stück darauf einzulassen. Es fiel mir anfangs nicht leicht und ich brauchte eine ganze Weile, ehe ich wirklich richtig mitmachen konnte, aber am Ende haben mir gerade das Autogene Training und die Autosuggestion (gesteigerte Form des Autogenen Trainings) sehr geholfen.

Am faszinierendsten aber war es zu sehen, wie der Psychologe mit mir umging. Er war geduldig mit mir – was ich selbst nicht sein konnte. Und er war verständnisvoll, ließ mir meinen Freiraum und machte mir in keiner Weise Druck.

Nun stand natürlich das Thema Medikamentenmissbrauch im Raum. Mir waren alle Medikamente abgenommen worden, ich wurde nun stärker beobachtet und bekam obendrein eine Ausgangssperre. Die wenigen Medikamente, die ich in der Klinik als Ausgleich bekam, halfen mir nicht, zumal ich dem Psychologen versprochen hatte, keine Tabletten mehr einzunehmen. Und ich wollte zu meinem Versprechen stehen. Da es »ganz ohne alles« aber auch nicht lange gut ging, begann ich diverse Sachen zu rauchen und zu spritzen. Irgendwann fiel auch das auf und mir wurde unterstellt, ich hätte wieder Tabletten genommen. Dieses sollte mit der Entlassung geahndet werden.

So ungern ich vorher in die Klinik gegangen war, so schlimm wäre es inzwischen für mich gewesen, rausgeworfen zu werden. Irgendwie fühlte ich mich inzwischen dort gut aufgehoben, zumindest ein wenig sicher und versorgt. Und ich hätte wieder mal das Gefühl gehabt, den Boden unter den Füßen zu verlieren, wenn ich jetzt so plötzlich rausgeworfen worden wäre. Aber all meinen Beteuerungen glaubten die Schwestern und Pfleger nicht, denn man sah ja, dass ich was eingenommen hatte. Sie riefen den Arzt dazu und der sollte entscheiden, was passieren sollte. Ich sprach erst mal im Flur mit ihm, sagte aber nur, dass ich keine Tabletten genommen hätte. Dann kam zufällig der Psychologe hinzu und fragte, was los sei. Als er davon erfuhr, dass ich wieder Tabletten genommen haben sollte, sagte er deutlich, dass er das nicht glauben würde. Er wolle mit mir allein reden. Das wurde uns dann auch ermöglicht. Ich konnte es überhaupt nicht fassen, dass er mich so sehr unterstützte, und war nur noch verwundert. Als ich dann allein mit ihm im Gespräch war, sagte ich ihm noch einmal, dass ich wirklich keine Tabletten genommen hatte. Er antwortete mir, dass er mir das glaube, aber er wollte wissen, welche Drogen es denn gewesen seien. Ich habe ihm daraufhin vom Rauchen erzählt.

So wurde ich nicht aus der Klinik rausgeworfen. Sicher, ich hatte mich nicht an den Sinn des Verbots gehalten, aber ich hatte das Verbot, zumindest wörtlich, eingehalten – indem ich keine Tabletten mehr genommen hatte.

Dieses Erlebnis war für mich sehr einschneidend und hat meine Einstellung zu dem Psychologen (ich nenne ihn mal X.) erheblich beeinflusst. Ich konnte es nicht fassen, dass es einen wildfremden Menschen gab, der mich unterstützte und mir einfach nur auf mein Wort hin glaubte. Und das, wo doch zumindest mein Anblick etwas anderes vermuten ließ.

Irgendwie hat X. mir auch danach immer wieder das Gefühl gegeben, dass er sich für mich als Mensch interessiert. Das war für mich eine ganz neue Erfahrung, denn so etwas hatte ich in der Form noch nicht erlebt. Ich wusste bis dahin immer, warum ich für andere Menschen »wichtig« war. Es waren immer irgendwelche Dinge, die ich tun konnte – oder Positionen, die ich ausfüllen konnte. Aber ich als Mensch war nicht gefragt. Und wie es mir ging oder was ich fühlte, das war in der Vergangenheit auch nie wichtig gewesen. So empfand ich es jedenfalls zum damaligen Zeitpunkt.

Dies war wohl der Grundstein zu einem sehr guten Verhältnis zu X., der mich anschließend über Jahre hin – bis zum heutigen Tag – immer wieder betreuen und mir helfen sollte.

Das Vertrauen wächst

Es war für mich ein Glücksfall, gerade an X. geraten zu sein. Andere hätten vielleicht ganz anders reagiert. Er hatte gerade erst sein Studium abgeschlossen und ging voller Engagement an die Sache heran. Er hatte noch die »Ideale eines Berufseinsteigers« – wohl in die Richtung, dass man die ganze Welt verändern könne, wenn man es nur versucht.

Er war in meiner weiteren Klinikzeit fast immer für mich ansprechbar und hatte immer ein offenes Ohr für mich. Ich bin oft, ohne Termine bei ihm zu haben, einfach zu seinem Zimmer gegangen und »musste« mit ihm reden. Und er hatte zumindest ein nettes Wort für mich, wenn auch nicht immer die Zeit für ein längeres Gespräch. Aber er gab mir das Gefühl, dass ich wichtig sei, und vor allem: Er war in seinem Verhalten mir gegenüber immer beständig. Das hat mir sehr geholfen und mich auch sehr offen ihm gegenüber werden lassen.

Irgendwann kam der Zeitpunkt, an dem ich das erste Mal in der Lage war, mit ihm über die Missbrauchsgeschichte aus meiner Kindheit zu reden. Das war das erste Mal, dass ich überhaupt mit jemandem so offen darüber sprach. Nachdem ich ihm zumindest vermitteln konnte, was passiert war, konnte ich nichts mehr erzählen. Ich bekam einen Weinkrampf und hatte Probleme, überhaupt wieder zu mir zu kommen. Er ging in dieser Situation sehr feinfühlig mit mir um. Er gab mir das Gefühl, dass er da war, und er gab mir auch Sicherheit. Aber er kam mir in keiner Weise zu nahe, sondern hat instinktiv genau den Abstand zu mir eingehalten, den ich brauchte. Wäre er mir jetzt zu nahe gekommen, dann wäre ich weggelaufen und wohl auch nie wieder zu ihm gegangen. Das hätte mich zu sehr verletzt, um weiter offen mit ihm reden zu können.

Nachdem ich mich einigermaßen beruhigt hatte, brachte er mich zurück auf die Station und ich ging direkt in mein Zimmer. Er sprach mit dem Pflegepersonal und ich wurde daraufhin mit Fragen in Ruhe gelassen. Ich bekam Beruhigungsmittel. X. hat mich in dieser Situation sehr gestärkt und mir ein gutes Umfeld geschaffen. So konnte ich das alles aushalten und bin nicht in diesen Erinnerungen und dem großen Schmerz untergegangen.

Dies war ein weiterer Meilenstein in der Beziehung zwischen ihm und mir. Irgendwie erschien er mir wie ein Fels in der Brandung, der mich beschützt, mir den Rücken freihält und mir dadurch enorm hilft.

Später sollte es sich so entwickeln, dass ich das Gefühl hatte, ohne seine Begleitung und seinen Beistand nicht mehr leben zu können. Dieses Gefühl hat sich im Laufe der Zeit aber auch wieder zurückgebildet.

Zu Hause

Nach diesem über drei Monate dauernden Klinikaufenthalt ging ich wieder zurück in die Wohnung meines damaligen Ehemannes und damit raus aus der Stadt, in der X. arbeitete.

Einige Zeit später kam ich nervlich wieder in große Probleme und wurde in einem Landeskrankenhaus (LKH) in unserer Nähe aufgenommen. Dort hatte ich jedoch große Schwierigkeiten, mit der zuständigen Psychologin und den Gruppenthera-pien zurechtzukommen. Auch spitzten sich die Probleme zwi-schen mir und meinem Ehemann zu. Irgendwann erreichte ich dann den Punkt, an dem ich meine Ehe als gescheitert ansah. Durch die Aggressionen, die dadurch aufkamen, die Unzufrie-denheit mit der Psychologin und dem Gefühl, dort überhaupt nicht klarzukommen, kam es dann zu einer Kurzschlussreak-tion.

Ich hatte der Psychologin in einem vorhergehenden Streit gesagt, dass ich keinen Sinn in diesem Aufenthalt sähe und nach Hause wolle. Darauf hatte sie mir geantwortet, dass ich die Klinik gegen ihren Willen nicht verlassen könne. Sie würde mich als suizidal einstufen und damit könne sie mich notfalls auch per Eilverfügung in der Klinik behalten. Ich sah dieses als zu-sätzliche Schikane an, holte Handtasche und Geld aus meinem Zimmer und ging im Park spazieren. Dort passte ich eine gute Gelegenheit ab und verließ das Klinikgelände. Ich fuhr per Anhalter in den nächsten Ort und von da aus mit dem Zug in die Stadt, in der die erste Klinik lag. Dort kannte ich einen ehe-maligen Mitpatienten und hoffte für eine Weile untertauchen zu können, was mir auch gelang.

Während der gesamten Fahrt hatte ich sehr große Angst davor, dass man mir die Polizei hinterherschicken und mich in das LKH zurückbringen würde. Deshalb rief ich X. an und bat ihn um Hilfe. Ich konnte zu einem Gespräch zu ihm kommen und er meinte, so schnell könnten die mich nicht in die Klinik zurückbringen. Außerdem hielt er mich nicht für suizidal, sodass mir seiner Meinung nach nichts passieren konnte, denn eine Zwangseinweisung kann nur dann erfolgen, wenn man für sich selbst und/oder sein Umfeld eine Gefahr darstellt. Diese Sicht-weise von ihm zu hören hat mich sehr beruhigt und ich war sehr froh, mich überhaupt wieder an ihn wenden zu dürfen.

Ich wohnte erst mal bei dem Bekannten und bald fand ich auch eine Wohnung. Die Wohnung war ein Altbau, ohne Warmwasser und Heizung, dafür mit Kohleofen. Aber ich war glücklich, etwas Preiswertes gefunden zu haben.

X. arbeitete inzwischen nicht mehr in der Klinik, sondern betrieb zusammen mit einer Psychologin eine ambulante Praxis. Ich durfte aber auch dorthin zu einer weiteren Therapie gehen. Inzwischen hatte er bei mir die Borderline-Persönlichkeitsstörung (BPS) diagnostiziert. Es gab damals noch keine Behandlungskonzepte für BPS und so wurde ich auch nicht nach einem bestimmten Therapieverfahren (Verhaltenstherapie, Gesprächstherapie etc.) behandelt. X. verließ sich da wohl sehr auf sein Gefühl, das er mir gegenüber entwickelt hatte. Er redete mit mir und ich durfte ihn in schwierigen Situationen auch privat anrufen.

Dies habe ich in der ersten Zeit auch sehr häufig getan. Anfangs wohl, um auszutesten, wie ernst er sein Angebot meinte. Er beschwerte sich aber nie, wenn ich ihn anrief. War er mal nicht zu Hause, dann hatte ich seine Frau am Apparat und sprach mit ihr oder zeitweise auch mit seiner Tochter. All diese Dinge hat er immer geduldet und mich nie abgewiesen. Sicher hatte er manches Mal einfach keine Zeit, mit mir zu reden, aber das hat er mir dann in einem kurzen Gespräch verständlich gemacht. Und für ein paar kurze Worte hatte er eigentlich immer Zeit. Oft habe ich gar nicht angerufen, weil ich Probleme hatte, sondern weil ich mich vergewissern wollte, dass er noch da war. Und irgendwann habe ich dann gedacht, er müsse bald die Geduld mit mir verlieren und mich rauswerfen. Das hat er jedoch nie getan und das hat das Verhältnis zwischen mir und ihm wohl sehr gefestigt. Ich kannte es bis dahin eigentlich nur so, dass alles, was ich als schön empfand, immer sehr schnell kaputtging, und dass auch Freundschaften nie lange hielten. Ich hatte noch nie jemanden als wirklich verlässlich erlebt. Und jetzt konnte ich es nicht begreifen, dass das auf einmal anders sein sollte. Ich sprach ihn in einer Therapiestunde mal darauf an, warum er so geduldig mit mir sei und dass ich selbst mich an seiner Stelle schon längst rausgeworfen hätte. Er meinte daraufhin lediglich, dass ich viel zu streng mit mir sei und dass er keinen Anlass sehe, mich rauszuwerfen.

Während der ambulanten Therapie machte ich später auch einmal Anspielungen auf einen möglichen Selbstmord. Irgendwann sagte er mir dazu, dass er mich gerne weiter behandeln würde, er aber selbst große Probleme bekäme, wenn ich mich während der Therapiezeit töten würde. Ich sollte doch dann so rücksichtsvoll sein und die Behandlung vorher beenden. Das hat mich erst einmal ziemlich durcheinander gebracht. Ich versprach es ihm und rief kurze Zeit später an, um ihm mitzuteilen, dass ich die Behandlung nicht fortsetzen wolle – es war für ihn scheinbar in Ordnung.

Ich dachte darüber nach, was er gesagt hatte. Ich hatte nicht wirklich vor, mich umzubringen, aber seine Aussage brachte mich sehr durcheinander. Es stand für mich fest, dass ich ihn nicht in Probleme bringen wollte, außerdem hatte er schon so viel für mich getan und ich hing sehr an ihm. Ich fühlte mich irgendwie zwischen zwei Stühlen und dachte dabei: Wenn ich mich wirklich umbringen wollte, und dies hatte ich ja auch angekündigt, dann müsste X. etwas unternehmen und könnte nicht so »gleichgültig« reagieren. Auf der anderen Seite erkannte ich, dass er meine freie Entscheidung respektierte. Ich fühlte mich in einem Dilemma: auf der einen Seite das Unverständnis über sein passives »Zusehen« – auf der anderen Seite die Erkenntnis, dass er meine Entscheidung respektierte und sich nicht einmischte. Es war für mich eine tagelange Wanderung zwischen den Gefühlen, auch zwischen Frust und Dankbarkeit ihm gegenüber. Heute denke ich, ihm war klar, dass das Ganze ein Versuch war, ihn noch mehr an mich zu binden oder ihn auszutesten, und dass ich nicht ernsthaft vorhatte mich umzubringen.

Ein paar Tage später rief ich bei ihm an und vereinbarte einen neuen Termin. Ich durfte auch ohne Probleme wiederkommen. Ich denke, mit diesem Verhalten hat er mir klar meine Grenzen aufgezeigt. Nämlich, dass ich ihn mit solchen Aussagen nicht in irgendeiner Weise unter Druck setzen konnte und er nicht mit sich spielen ließ. Aber er zeigte mir auch, dass er trotzdem verlässlich da war. Er machte mir keine Vorwürfe, es war einfach in Ordnung, wie es abgelaufen war. Ich glaube, diese Erfahrung musste ich machen, denn sonst hätte ich wohl versucht ihn irgendwann als »Spielball« anzusehen. Er hatte mir viele Freiheiten zugestanden, indem ich zum Beispiel privat anrufen durfte, aber es war auch an der Zeit, dass ich meine Grenzen erfuhr. Diese hat er mir eben nicht durch Verbote oder Bestrafungen aufgezeigt, sondern sie mich auf eine viel wirkungsvollere Art erkennen lassen. Das hat vom Ergebnis her viel mehr Erfolg gehabt als durch Strafen oder Verbote. Da wäre ich eher rebellisch geworden und auf Konfrontationskurs gegangen.

LEBEN, PRAKTISCH

Ich hatte mir unterdessen über die freikirchliche Gemeinde einen kleinen neuen Bekanntenkreis aufgebaut. Als der erste Winter kam, saß ich ziemlich allein in meiner Wohnung und fror furchtbar. Der Kohleofen war noch nicht richtig angeschlossen, denn ich hatte ihn bisher noch nicht gebraucht. Ich saß erst mal dick angezogen in der Wohnung und nahm mehrere Decken zu Hilfe. Irgendwann wurde mir das alles jedoch zu viel. Ich erzählte am späten Nachmittag einer Bekannten aus der Gemeinde, dass ich in der Wohnung sehr frieren würde und dass es mir auch nervlich nicht gut ginge. Ich hatte mir erhofft, zumindest für eine Nacht bei ihr übernachten zu dürfen. Einerseits zum Aufwärmen, andererseits aber auch, um unter Menschen zu sein und abgelenkt zu werden. Das wäre vom Platz her auch möglich gewesen, denn bei dieser allein stehenden Frau mit Kind hatte ich in der Vergangenheit schon mal für mehrere Tage übernachtet, ich war allerdings nicht in der Lage, meine Bitte konkret zu äußern, und so erzählte ich nur meine Situation und sagte, ich wüsste nicht mehr, was ich tun sollte. Daraufhin antwortete sie, dass ich doch in die psychiatrische Klinik gehen solle. Da würde es mir nervlich besser gehen und es wäre auch praktisch, wenn ich den Winter dort verbringen könnte, dann hätte ich auch keine Probleme mehr mit dem Ofen.

Durch diese Aussage war ich sehr geschockt und deprimiert. Ich fühlte mich mal wieder total überflüssig und unbrauchbar – war aber auch wütend über dieses Angebot, ebenso wie über meine Unfähigkeit, mich klarer zu äußern. So saß ich weinend zu Hause und fühlte mich völlig verzweifelt, unnütz und ungeliebt.

Irgendwann rief ich in meiner Verzweiflung bei X. an und erzählte ihm davon. Er reagierte auf eine Art, die ich erst gar nicht glauben konnte. Er sagte, wenn ich mit dem Ofen Probleme hätte, dann könnte er kommen und das in Ordnung bringen. Ich war sprachlos und sagte ihm, dass das doch nicht ginge. Ich war einfach völlig überrascht und hatte auch das Gefühl, dass es unmöglich sei, dass er in meine Wohnung käme. Irgendwie fand ich den Gedanken wohl auch beschämend. Zumal ich ja gerade noch das Gefühl hatte, gar keinen Wert zu haben. Er fragte jedoch nur, ob ich ihm das nicht zutrauen würde. Das war jedoch nicht der Fall und somit war für ihn alles klar. Eine halbe Stunde später war er bei mir.

Als er kam, fühlte ich mich sehr verunsichert. Es war für mich eine Situation, die ich nicht einschätzen konnte. Er kam einfach zu mir und wollte mir ganz praktisch helfen. Er sah sich den Ofen an, schloss ihn an das Rohr an und zeigte mir, wie man ihn anzünden muss. Danach wurde es schön warm in der Wohnung. Ich war sprachlos. Nachdem er diese Dinge erledigt hatte, verabschiedete er sich und ich wusste nicht, was ich ihm sagen sollte. Ich wollte ihm danken, brachte aber nicht die richtigen Worte heraus. Ich war zu überrascht und auch immer noch verunsichert, sodass ich den Dank, den ich hatte, gar nicht zum Ausdruck bringen konnte. Auch nachdem er gegangen war, war ich noch ziemlich durcheinander und musste das Geschehene erst mal verarbeiten. Ich konnte es nicht fassen, dass sich jemand einfach so, ohne Bezahlung oder andere Vorteile, in sein Auto setzte, zu mir fuhr und mir so praktisch half.

Letztlich war es nicht die warme Wohnung, die mir half, sondern das Erleben, wie »selbstverständlich« X. mich unterstützte.

Solche Situationen haben sich immer wieder mal ergeben. Er hat mir dadurch gezeigt, wie das Leben sein kann. Und er hat mich Erfahrungen machen lassen, die ich nicht kannte.

THERAPIEVERLAUF: ERLEBEN VON NORMALITÄT

Als ich das erste Weihnachten in meiner eigenen Wohnung verbringen sollte, ging es mir immer schlechter. Ich hatte einen richtigen Hass auf das Weihnachtsfest und brachte meine Wut in einem Gedicht zum Ausdruck. Da ich oft besser über meine Gefühle schreiben als reden kann, war es schon Gewohnheit geworden, dass ich verschiedene Dinge aufschrieb und sie später X. zu lesen gab. So konnte er auch die Dinge erfahren, die ich im direkten Gespräch nicht oder nur sehr schwer ausdrücken konnte. Als ich das nächste Mal zur Therapie kam, sprach er mich auf dieses Gedicht an. Er hatte gesehen, dass das keine Wut auf das Weihnachtsfest war. Das Problem lag vielmehr darin, allein zu sein und das nicht aushalten zu können. Es war also eigentlich mehr Angst als Wut bei mir vorhanden. Er überlegte mit mir zusammen, wie ich die Feiertage verbringen könnte. Und schließlich war er es, der sich mit dem örtlichen Pastor in Verbindung setzte. Dadurch verschaffte er mir Kontakt zu einer Gruppe von Menschen, die Weihnachten in der evangelischen Kirche gemeinsam feierte. Es waren zwar fast nur ältere Leute anwesend, aber ich war wenigstens nicht allein und darüber war ich sehr froh.

Es waren überwiegend solche ganz praktischen Dinge, mit denen X. mir geholfen hat. Er hat sich nicht ausschließlich um meine Vergangenheit und eventuelle Traumata gekümmert, sondern mir vielmehr ganz praktische Lebenshilfen gegeben. Gleichzeitig wuchs für mich damit das Gefühl, doch nicht so überflüssig, unnütz und ungeliebt zu sein.

Zeitweise war es so, dass ich direkt nach einem Vorwand suchte, um ihn privat anrufen zu können. Ich musste nur kurz mit ihm sprechen, dann ging es mir schon besser. Erreichte ich seine Frau oder seine Tochter, dann waren auch sie immer sehr geduldig mit mir, und so verlor ich mit der Zeit immer mehr das Gefühl, allein gelassen zu sein. Ich erlebte einfach, dass da Menschen waren, mit denen ich reden konnte, wenn ich mich nicht gut fühlte, und die auch keine Gegenforderungen an mich stellten. Es war einfach eine umwerfende und sehr wichtige Erfahrung für mich.

Die gesamte Therapie bestand vorrangig aus dem Erlebendürfen normaler Verhältnisse. Sicher sprachen wir auch über Themen wie den Missbrauch in meiner Kindheit, aber im Vordergrund stand eher, dass ich an ein normales Leben herangeführt wurde, ich es erfahren und erleben konnte. Ich war zum Teil in die Familie »integriert« und durfte zeitweise auch an den Gefühlen von X. teilhaben. Er erzählte mir beispielsweise von Eifersuchtsproblemen seiner Ehefrau gegenüber. Auch diese Offenheit und das Erleben der Probleme »normaler Menschen« haben mir geholfen, einen besseren Blick für das reale Leben zu bekommen.

Nachdem ich mich durch diese Unterstützung immer mehr sta-
bilisiert hatte, begann ich wieder zu arbeiten. Anfangs hatte ich
das Gefühl, die Arbeit gut machen zu können. Dann wurde es
für mich aber doch zu anstrengend und ich baute nervlich erneut ab. Ich konnte tagsüber zwar erst mal noch meine Arbeit
verrichten, aber wenn ich abends zu Hause war, ging nichts
mehr. Ich konnte nichts mehr tun und veränderte mich sehr.

Irgendwann geriet ich in eine so genannte Regression (psychisches Zurückversetzen in eine vergangene Zeit). Ich rief
abends bei X. an, sprach wohl mit einer Kinderstimme und
ziemlich weinerlich – ich konnte mich später nicht mehr an diese
Gespräche erinnern, hatte eine regelrechte Amnesie (Erinne-
rungslücke). Diese Gespräche wurden immer häufiger. Auch rief
ich bei dem Sozialarbeiter der Firma, zu dem ich inzwischen
einen guten Kontakt hatte, in denselben Zuständen an. Wenn
er mir morgens auf der Arbeit davon berichtete, war mir das
sehr peinlich, und ich konnte es manches Mal auch nicht glauben. Er setzte sich bald darauf mit X. in Verbindung und berichtete von meinen Anrufen. So kamen die beiden in Kontakt
miteinander, was sich kurze Zeit später als sehr hilfreich für
mich erweisen sollte. Ich scheine in all diesen Situationen wohl
wirklich mehr als nur Glück gehabt zu haben, denn wo gibt es
heute noch eine Arbeitsstelle, bei der sich der firmeneigene Sozialarbeiter dermaßen um die Belange und das Wohlergehen der
Angestellten kümmert? Ich habe in der nächsten Zeit extrem
häufig bei einem oder beiden angerufen – teilweise auch sehr
spät abends. Zeitweise kann ich mich schwach daran erinnern,
überwiegend hatte ich jedoch anschließend Erinnerungslücken.

An meinem Geburtstag bekam ich dann bei der Arbeit Halluzinationen und war nicht mehr ansprechbar. Der Sozialarbeiter fuhr mich direkt in die Praxis von X., und als auch dieser
keinen Zugang mehr zu mir fand, brachte er mich in eine Kli-

nik. Dort blieb ich eine Weile und wurde anschließend in die ambulante Behandlung bei X. entlassen. Es erfolgte auch eine ambulante medikamentöse Behandlung und ich wurde langfristig auf eine Kombination von Antidepressiva und Neuroleptika eingestellt.

Gearbeitet habe ich in den folgenden Jahren nicht mehr.

REALITÄTSVERLUST

Ich führte die ambulante Therapie bei X. weiter. Hatte ich den letzten Termin des Tages, brachte er mich anschließend mit dem Auto nach Hause, da meine Wohnung auf dem Weg zwischen der Praxis und seiner Wohnung lag. Anfangs war es mir recht peinlich bzw. ich fühlte mich unsicher – ich als unbedeutende Person bei dem Psychologen privat im Auto. Das sollte sich jedoch bald ändern und wir sprachen während dieser Fahrten immer mehr entspannt miteinander. Ich konnte dabei anders reden als in der Praxis. Ich war gelöster, denn im PKW hatte ich nicht mehr das Gefühl, Patientin zu sein. Diese Gespräche waren oft sehr hilfreich, aber allein die Tatsache, mitfahren zu dürfen, war schon eine gute Sache. Dadurch bekam ich nämlich wieder mal einen Eindruck der Normalität. Und: Ich wurde von jemandem nach Hause gebracht. Wenn ich zuvor mit jemandem gefahren war, dann zu mehreren, und ich saß irgendwo als unbedeutendes Nichts hinten und traute mich auch nicht etwas zu erzählen. Hier hatte ich nun wieder einmal die Chance, solche für andere Menschen alltägliche Situationen ganz neu zu erleben und dadurch auch ein anderes Selbstwertgefühl zu bekommen.

Es kam manchmal zu Situationen, in denen ich in der Praxis auf Autogenes Training oder Autosuggestion so sehr ansprach, dass ich Probleme hatte, in die Realität zurückzufinden. Dann brachte X. mich irgendwie in den Wagen und die Fahrt wurde dazu genutzt, dass ich langsam wieder in die Realität zurückkam. Ich ließ mich gerne im Autogenen Training und bei der Autosuggestion tief fallen, denn so konnte ich der vermeintlich harten Realität ein Stück weit entkommen und mich einfach mal richtig wohl fühlen. Aus diesem Grund machte X. solche Dinge bei mir nur mit großer Vorsicht. Er hatte gleichzeitig aber auch so viel Erfahrung, dass er mich trotz meines inneren Widerstandes in die Realität zurückführen konnte.

Eines Tages gelang dieses jedoch weder in seiner Praxis noch während der Autofahrt. Im Auto habe ich mich wohl noch tiefer fallen lassen und so ließ X. mich natürlich nicht allein in meine Wohnung. Nachdem er im Auto wohl noch mehrmals versucht hatte, mich in die Realität zurückzubringen, brachte er mich dann in die Klinik und ließ mich dort aufnehmen.

Obwohl ich eigentlich nicht ins Krankenhaus wollte, tat es mir doch gut, zu wissen, dass er auf mich Acht gab und mich nicht im Stich ließ. Er selbst hatte wohl auch keine andere Chance mehr. Aber er hat mich nicht einfach allein gelassen, sondern sich darum gekümmert, dass ich versorgt war und mir nichts passieren konnte.

DER ENDSPURT

Ich ging nach dem Klinikaufenthalt wieder in die ambulante Behandlung zu X. Die Therapie sollte nun auch irgendwann ihrem Ende entgegengehen. Hätte X. mir das so direkt gesagt, dann hätte ich wohl erneut sehr viele Ängste entwickelt. Immerhin war X. ein fester Bestandteil meines Lebens geworden.

Aber X. ging das Ganze sehr vorsichtig an. Er sprach erst mal nicht direkt mit mir über das Ende der Therapiesitzungen, sondern machte die Abstände zwischen den Terminen schrittweise größer. So hatte ich, nachdem die Termine eine ganze Zeit lang im wöchentlichen Rhythmus stattgefunden hatten, nun erst mal Termine im 10-tägigen Abstand. Das fiel mir auch anfangs kaum auf – ich dachte, das läge an seinem vollen Terminkalender. Nach und nach fanden dann jedoch die Termine 14-tägig, dann alle drei Wochen und letztlich in monatlichen Abständen statt. X. ermutigte mich unterdessen und wies darauf hin, was ich schon alles schaffte. Zudem bestand für mich weiterhin die Möglichkeit, ihn in Notfällen privat anzurufen. Obwohl mir das Sicherheit gab, kamen doch die Ängste, allein gelassen zu werden, sofort wieder hoch. X. verringerte aber deshalb die Abstände nicht, denn es musste ja mal ein Ende der Therapie ins Auge gefasst werden. Hätte er zu diesem Zeitpunkt die Abstände wieder verkürzt, dann wäre vermutlich einiges sehr viel schlimmer für mich geworden. Es hätte wohl ein ewiges Hin und Her gegeben, ohne dass ich mich wirklich hätte lösen können. So war ich aber gezwungen, mit diesen Terminabständen zurechtzukommen. Zuerst rief ich ihn unter Vorwänden wieder öfter privat an, mit der Zeit aber wurde mir das Ganze zu dumm und ich rief nur noch an, wenn es wirklich notwendig war.

Dann kam der Tag, an dem die Therapie wirklich zu Ende sein sollte. Selbst hier sprach X. das Ende nicht offen aus – er wollte mich wohl nicht verängstigen. Und ich denke, das war auch sehr gut so, denn wenn ich durch das Wissen, dass die Therapie nun definitiv abgeschlossen war, Ängste entwickelt hätte, dann wäre es mir wohl sehr schnell wieder sehr schlecht gegangen. X. sagte jedoch bei dem letzten Therapietermin zu mir, dass es mir zurzeit ja schon sehr gut ginge. Er wolle darum jetzt erst mal keine weiteren festen Termine mehr machen, sondern ich solle mich einfach bei ihm melden, wenn es mir nicht gut ginge und ich Hilfe bräuchte. Dann würde er mir einen neuen Termin geben. Diese Absprache hatte nicht so einen endgültigen Beigeschmack, als wenn er mir definitiv gesagt hätte, dass jetzt keine weiteren Termine mehr folgen sollten. Und wie das mit der Genehmigung der Stunden durch die Krankenkasse war, davon hatte ich gar keine Ahnung. Ich glaube, dass er sich in dieser Zeit wohl sehr viel mit mir beschäftigt hat, ohne überhaupt dafür eine Vergütung zu bekommen.

Ich ging an diesem Tag mit einem sehr mulmigen Gefühl nach Hause. Aber dadurch, dass er weiterhin für mich erreichbar war, hielt sich die Angst in Grenzen. Schließlich war ich auch sehr stolz darauf, vieles schon allein zu schaffen. Nach einiger Zeit rief ich ihn an, ohne dass es ein großes Problem bei mir gab. Er nahm sich am Telefon Zeit für mich und so konnte ich auf einen Termin verzichten. Das ging so eine ganze Weile: Ich hatte keine Termine mehr bei ihm, rief ihn aber von Zeit zu Zeit an – und er nahm sich auch Zeit, hörte mir zu und gab mir Ratschläge. Mit der Zeit hatte ich immer seltener das Bedürfnis, ihn anzurufen, denn ich war mir nun sicher, dass er für mich da war, wenn es Probleme gäbe, und ich wollte ihm auf Dauer auch nicht auf die Nerven gehen. So ließen meine Anrufe auch immer mehr nach – und wenn ich anrief, so wurden die Gespräche auch immer kürzer. Das ging so weit, dass ich schließlich überhaupt nicht mehr anrief, ohne dass mir das Ängste oder andere Probleme bereitete.

In der Folgezeit habe ich einiges mehr erreicht: Bald darauf setzte ich die Medikamente ab und glaubte, ich sei gesund. Mein Leben wurde insgesamt sehr viel autonomer, unabhängiger.

NEUE BELASTUNGSPROBEN – GESCHAFFT

Ich lebte inzwischen mit meinem zweiten Ehemann zusammen und wurde schwanger. In der Schwangerschaft wurde ich in der örtlichen Tagesklinik aufgenommen, da bei mir wieder große Ängste aufkamen. Diese Ängste waren jedoch ganz realer Natur, da es sich um eine Risikoschwangerschaft handelte. In der Tagesklinik hatte ich einen geschützten Raum, in dem ich zur Ruhe kommen konnte. Am Tag vor der Entbindung wurde ich entlassen und es ging mir sehr gut.

Nachdem mein Sohn ein Jahr alt geworden war, zog mein damaliger Ehemann in einer Nacht- und Nebelaktion aus. Das stürzte mich in eine Krise. Ich traute es mir nicht zu, den Kleinen allein zu versorgen, zumal ich seit einiger Zeit auf den Rollstuhl angewiesen war. So meldete ich mich wieder bei X. Dieser gab mir sofort einen Termin und ich konnte ausführlich mit ihm über die aktuelle Situation und über das, was seit der letzten Therapie passiert war, sprechen. Er hat aber wohl schnell erkannt, dass ich diese Situation allein bewältigen konnte und dass keine umfassende Therapie notwendig war. Ich hatte vier oder fünf Termine bei ihm und er bot mir wiederum an, mich bei ihm zu melden, wenn es schwierig werden sollte. Die Folgezeit schaffte ich jedoch sehr gut allein. Das gab auch meinem Selbstwertgefühl einen großen Aufschwung, allein dass ich erleben konnte, dass ich meinen Sohn durchaus gut versorgen konnte.

Nachdem ich fast zwei Jahre allein mit dem Kleinen gelebt hatte, bemerkte ich allerdings, dass ich nervlich wieder abbaute. Es ging mir zusehends schlechter und irgendwann war mir klar, dass ich Hilfe brauchte. So rief ich erneut bei X. an und bat um einen Termin. Während ich darauf wartete, dass dieser Termin stattfand, war ich sehr unsicher. Ich hatte das Gefühl, dass es dieses Mal nicht mit einem einzigen kurzen Termin getan sein würde. Zum anderen war ich sehr frustriert, denn ich hatte geglaubt, eigentlich »geheilt« zu sein. Als der Termin stattfand, erklärte X. mir erst mal, dass solche Krisen immer wieder mal vorkommen könnten. Dies sei bei Borderline-Patienten ganz normal. Dass ich inzwischen aber auch sehr viel stabiler und reifer geworden sei und diese Krisen besser und schneller überwinden könne. Außerdem erklärte er mir, warum es ver-

ständlich war, dass gerade zu diesem Zeitpunkt eine Krise auf-
trat, nachdem ich die schwierigste Zeit mit meinem Sohn doch
ganz gut überstanden hatte. Das lag wohl daran, dass ich in den
vergangenen zwei Jahren ständig gefordert war und gar nicht
zum Nachdenken kam, sodass sich vieles aufgestaut hatte.

Entgegen meinen Befürchtungen, dass es nur auf ein paar
Stunden hinauslaufen würde, beantragte X. sofort wieder eine
Therapie bei der Krankenkasse. Er kennt mich wohl inzwischen
so gut, dass er schnell erkennen kann, wann es sich nur um ein
vorübergehendes Tief handelt und wann wirklich mehr Hilfe
notwendig ist. Auch diese Tatsache hat mein Vertrauen in ihn
weiter verstärkt.

Heute weiß ich, dass es auch für mich immer wieder mal
Rückschläge geben wird. Die Borderline-Persönlichkeitsstörung
ist nun mal eine psychische Erkrankung, bei der es kaum eine
komplette »Heilung« gibt. Aber ich weiß auch, dass ich über
große Zeiten hinweg ein relativ »normales« Leben führen kann
– das habe ich dank X. über mehrere Jahre hinweg erleben
dürfen. Bestimmt kommt der Tag, an dem ich meinen Alltag
wieder ohne Therapie bewältigen kann. Und ich bin überzeugt
davon, dass es dann über eine lange Zeit gut gehen wird und
ich wirklich ein autonomes Leben führen kann.

Arztgespräche

Heike Marie Lohse

Dezember

Was ich von meinem Aufenthalt hier erwarte? Ich will nicht mehr hilflos sein. Bisher habe ich mir immer selbst geholfen, weil alle anderen irgendwie immer zu beschäftigt waren.

Wenn ich einsam war, habe ich mir Freunde ausgedacht, wenn ich Angst hatte, dass mir Monster in die Zehen beißen, habe ich beschlossen, dass in meinem Zimmer nur Monster leben, die keine Zehen mögen, wenn mich alle in der Klasse doof fanden, habe ich mir vorgestellt, ich wäre woanders und total beliebt, wenn meine Eltern mal wieder etwas von mir wollten, habe ich mir vorgestellt, ich wäre ihre Angestellte, und habe es getan, wenn sie mich verletzt haben, habe ich mir vorgestellt, sie wären gar nicht meine Eltern und ich würde meine wirklichen Eltern irgendwann, bald, kennen lernen und dann würde alles gut, wenn mich ein Junge, den ich mochte, nicht wollte, habe ich mir vorgestellt, ich wäre eine Königin, die darüber entscheidet, ob er hingerichtet wird oder nicht – ich hatte alle nur denkbaren Krankheiten und Verletzungen, Migräne, Schlafstörungen, Hautausschläge.

Als ich nicht mehr weinen konnte, habe ich angefangen, mich zu verletzen, als ich nicht mehr brav und allein gelassen sein wollte, bin ich schlecht in der Schule geworden, als mir nichts mehr einfiel, um mir selbst zu helfen, habe ich versucht mir das Leben zu nehmen.

Jetzt, Herr Doktor, bin ich hier und hoffe, dass Ihnen etwas einfällt, was mir helfen könnte. Etwas, das mir noch nicht eingefallen ist. Oder dass Sie mir Raum geben, Zeit und Ruhe, Sicherheit (!), um wieder zu lernen, mir selbst zu helfen.

Ja, Ihr Medikament wirkt gut, ich bin wie in Watte gepackt. Ich bin furchtbar müde, aber lebensmüde bin ich ja sowieso ... Wie es mir heute geht? Hm ...

Ein ruhiger Wind geht in mir, ein lauer. Das ist gut, das hatte ich schon lange nicht mehr. Ich habe auf meiner Seele eine bunte Blumenwiese gefunden, auf der strecke ich mich gerade aus. Ach ja, so was wollen Sie ja nicht hören, zu unkonkret, ja, ich weiß. Also, es geht mir gut heute.

Na ja ... andererseits, so richtig gut geht es mir eben nicht. Es ist wie an einem Sommertag, wenn man ein Gewitter aufziehen spürt, noch ist es warm und der Himmel blau, aber man ahnt schon, dass es gleich kracht ... schon wieder unkonkret, Entschuldigung ...

Also noch mal ... es geht mir heute ganz gut, aber nicht richtig gut. Ich weiß, dass das nicht andauern wird. Im Hintergrund ist immer noch meine innere Rumpelkammer, äh, ich meine ...

Herr Doktor, das ist wirklich schwierig, Ihnen zu erklären, wie's mir geht, wenn Sie meine Metaphern nicht wollen.

Aber das ist eben genau das Problem, also, wie es mir geht – es ist oft unkonkret, undefinierbar, es lässt sich nicht einfach mit Worten beschreiben wie: Angst, Verzweiflung, Hoffnungslosigkeit ... Ja, diese Begriffe kennt jeder, aber woher wollen Sie denn wissen, wie sich meine Verzweiflung von der eines Leprakranken unterscheidet? Wenn ich zulasse, dass meine Verzweiflung einfach nur Verzweiflung ist, dann muss ich mich gleich wieder messen. Dann kommt am Ende nur wieder heraus, dass ich zu jung und zu begabt bin, um so verzweifelt zu sein. Um zu leiden, wie ich es tue.

Sie werden sich schon ein bisschen auf mich einlassen müssen, wenn Sie mir helfen wollen.

Sie haben Ihre Diagnose also schon fertig: Borderline. Jetzt erwarten Sie von mir »Stimmungsschwankungen«, »Impulsivität«, »Selbstverletzendes Verhalten«, vielleicht dann und wann einen psychotischen Einbruch; Medikamente soll ich nehmen, sagen Sie, vielleicht ein Leben lang. Mich abfinden. Zehn Prozent Heilungschance. Ein Leben lang? Es ist aber mein Leben. Ich bin nicht hergekommen, um mich abzufinden. Das mache ich schon mein Leben lang. Ich bin hier, damit es besser wird.

Ich war mal glücklich, Herr Doktor. Es muss so sein, wie hätte ich sonst merken sollen, dass mit mir etwas nicht stimmte?

Jetzt geht es mir nicht gut. Seit Jahren geht es mir einfach nie wirklich gut. Es spukt in mir. Aber das war nicht immer so. Geister kann man austreiben.

FEBRUAR

Meine Traurigkeit frisst mich heute auf, Herr Doktor.

Ja, ich habe Ihr Medikament genommen, das wird doch kontrolliert, ich habe keinen Grund, mich um die Kontrollen zu schummeln. Aber Ihre Tabletten können meine Traurigkeit auch nicht wegzaubern.

Ja, gestern in der Gruppe war ich noch so guter Dinge. Es tut mir Leid, dass ich nicht mehr Konstanz aufbringe (was glauben Sie eigentlich, warum ich hier bin?).

Nein, es gibt keinen Auslöser, alles prima. Nein, nichts ist passiert. Kein Telefonat mit meiner Mutter, kein böser Traum. Ich habe geschlafen wie immer, und als ich heute Morgen aufgewacht bin, konnte ich schon kaum atmen vor Traurigkeit.

Was das für eine Traurigkeit ist? Sie ist wie ein Monster, das hinter jeder Ecke auf mich lauern kann. Das verstehen Sie nicht? Sie ist wie ... sie ist eben plötzlich da. Und sie füllt mich ganz aus, als würde mein Blut statt Sauerstoff Traurigkeit transportieren. Ja, sie ist umfassend, sag ich doch.

Nein, ich habe noch nicht über die Therapie nachgedacht, die ich machen will, wenn ich hier raus bin. So weit kann ich jetzt gar nicht denken. Ja, wir hatten das vereinbart, meine Güte, wenn ich zuverlässiger wäre, könnte ich mein Leben draußen auch meistern.

Wie die Bewegungstherapie war? Ich mag meinen Körper nicht. Das verstehen die Bewegungstherapeutinnen nicht. Die sind auf motorische Störungen spezialisiert. Bälle hin- und herzuwerfen bekomme ich schon noch hin. Es war ein bisschen wie beim Schulsport, nur dass ich diesmal nicht die Bekloppte war. Ja, das hat auch was Positives, hilft mir aber nicht, Nähe zuzulassen. Mir bleibt immer noch die Luft weg, wenn mich jemand berührt. Mein Freund war gestern kurz da. Ich hatte mich so gefreut, aber als er da war, wollte ich nur noch, dass er geht. Er mag mich so und ich ... ich bin so tot. Vielleicht kann ich wirklich nur Stars lieben. In meinen Träumen.

Ja, vielleicht bin ich deswegen traurig, ich möchte ja lieben und mich nicht mehr so allein fühlen. Ja, klar, so was ist ein Grund, traurig zu sein. Sie sind genial. Kann ich jetzt gehen?

MÄRZ

Wie es mir heute geht? Gut geht's mir, denn ich habe gestern geschnitten, in der Dusche, heimlich und niemand hat's gemerkt. (Das kann ich: Es kann noch so sehr bluten, ich hinterlasse keine Spuren.) Danach geht's mir immer gut. Ein paar Momente lang. Jetzt ist so ein Moment. Ich bin wach, ich bin ruhig, ich bin guter Dinge. Heute kann ich mir vorstellen, eines Tages, schon bald, selbstständig zu leben, eigene Wohnung und so. Ich will nicht ewig hier bleiben, wissen Sie. Und vor allem will ich nie wiederkommen, wenn ich erst mal raus bin.

Sie glauben nicht, dass es mir irgendwann wirklich gut gehen wird, Sie kennen die Statistiken. Sie sind zufrieden, wenn ich nicht mehr sterben will.

Aber Ihre Medikamente werden mir keine Hoffnung geben. Ich werde mich wieder auf den Weg machen, Hoffnung zu suchen. Und wenn es mich jeden Fleck glatte Haut kostet, den ich jetzt noch habe. Aber das wollen Sie gar nicht hören, ich weiß.

Sie arbeiten nur mit mir, wenn ich mich nicht verletze. Sie haben sogar die andere Selbstverletzerin auf Station verlegen lassen, damit wir uns nicht immer wieder anstecken. Zu Hause brauchte ich auch niemanden, der mich ansteckt, aber egal. Ich werde alles weglassen, was mit Selbstverletzung zu tun hat, und nur das Gute erzählen. Ich will raus hier!

Zum 1. April kann ich in eine Wohngruppe ziehen. Ja, da sagen Sie nichts mehr, Herr Doktor. Das hätten Sie mir nicht zugetraut, stimmts?

Überraschung – ich habe mein Leben auch früher bewältigt und trotzdem Hilfe gebraucht. Aber das verstehen Sie nicht. Deswegen mögen Sie mich nicht, ich passe nicht in Ihr Konzept. Jetzt sind Sie mich bald los.

JULI, DREI JAHRE SPÄTER

Hallo, Herr Doktor, Sie erinnern sich sicher nicht an mich, aber ich erinnere mich sehr gut an Sie. Ich hab Ihnen etwas zu sagen. Dezember bis März, Station 3C, ICD-10: F 60.31, weiblich, 22 Jahre ... fällt der Groschen?

Es geht mir besser! Ihr Medikament habe ich schon lange abgesetzt. Geschnitten habe ich seit elf Monaten nicht mehr. Ich habe etwas Besseres gefunden. Einen Krieger. Oder sagen wir einen Ritter, der mich seit drei Jahren begleitet, auf meinem Kreuzzug nach Hoffnung. Ein Ritter ohne Banner, der mit sich im Reinen ist und mich nicht braucht, um etwas zu beweisen.

Wir haben auch schon Hoffnung gefunden. Wissen Sie was, Herr Doktor, Leben ist gar nicht so übel! Ja, er kennt die Statistiken und die ICD-10, aber vor allem kennt er mich inzwischen. Mein Ritter braucht keine Diagnose, um sie zwischen uns zu stellen, er ist sich seiner selbst sicher genug, um mir zu begegnen.

Zunächst hat er meine Kompetenz anerkannt und auch respektiert, was ich bisher durchgemacht habe und was ich geleistet habe, um zu überleben. Dann hat er es gewagt, sich auf mich einzulassen, mit meinen Bildern und Metaphern, hat mich den Weg bestimmen lassen, aber nie vergessen, dass ich Hilfe brauche, dass es mir wirklich nicht gut geht.

Ich weiß, stationär herrschen andere Bedingungen, da arbeitet man anders, aber so leicht kommen Sie mir nicht davon!

Mein Ritter hat von Anfang an zugegeben, dass er ein menschliches Wesen ist, dass er mir helfen kann, dass ich aber die Fachfrau in allem bin, was mich selbst betrifft. Er hat mir gezeigt, dass er sich freut, wenn mir etwas gelingt, und dass es ihm Leid tut, wenn ich gegen eine meiner alten Grenzen renne und mir nicht anders zu helfen weiß, als mich zu verletzen.

Wenn es ihm noch mehr ausgemacht hat, dann hat er das mit sich ausgetragen, das kann er nämlich. Er hat mich nie für sein vermeintliches Versagen verantwortlich gemacht. Er hat sich nicht mit einer Diagnose zufrieden gegeben, er hat sie als Arbeitsgrundlage angenommen und war jederzeit bereit, sie zu revidieren. »Es geht hier darum, dass es Ihnen gut geht!«, hat er gesagt, ist das nicht fantastisch?! Ich konnte es ihm glauben, das ist noch viel fantastischer.

Er hat sich zurückgenommen für mich. Das habe ich noch nie erlebt. Es ist ihm ein Anliegen, dass Menschen, die sich immer zurücknehmen mussten, einmal die Erfahrung machen, dass sich jemand für sie zurücknimmt. Er kann das anbieten, weil er es auch halten kann. Er kommt klar damit, das muss meine Sorge nicht sein.

So hat er sich meinen Respekt erworben, so sind wir Partner geworden, zwei Eidgenossen auf Kreuzzug.

Ich habe jetzt die eigene Wohnung, von der ich geträumt habe. Mit Wellensittich. Und einen Job. Halbtags noch, aber eigenes Geld. Eigenes Leben. Ich bin sogar ein bisschen verliebt, Herr Doktor. So richtig. Nicht in einen Schauspieler oder Fantasiefreund. Nein, in einen Arbeitskollegen ...

Es wird keine Beziehung daraus werden, so weit bin ich noch nicht, aber es ist schon mal ein großer Schritt!

Ich habe gelernt, dass es Menschen gibt, an die ich mich wenden kann, die mir gewachsen sind. Ich habe Selbstverständlichkeit getankt bei meinem Ritter, jetzt bin ich auch wieder bereit, lieben Menschen zu erklären, was mit mir los ist und was sie tun können, um mir zu helfen. Und ich kann mir wieder selbst helfen. Ich bin wieder Kapitän auf meinem Schiff. Ich bin meinen »Zuständen« nicht mehr ausgeliefert. Ich bin nichts und niemandem ausgeliefert. Ich habe angefangen, mich zu wehren, wenn es sein muss. Was meine Seele auch ausspuckt, ich gehe damit um. Und wenn mir das mal nicht gelingt, werde ich aufgefangen.

EPILOG

»Hallo, lieber Ritter,

ja, ich war da. Nein, den Herrn Doktor habe ich nicht gesprochen. Er ist nicht mehr dort. Ist ja auch lange her. Natürlich haben sie mir nicht gesagt, wo er ist. Vielleicht forscht er jetzt oder macht sonst wie Karriere. Schade! Ich wüsste gerne, ob ich ihm wirklich gesagt hätte, was ich zu sagen hatte. So wie ich dir inzwischen erzähle, was wirklich los ist.

Unsere Barschaft neigt sich dem Ende zu und dich rufen andere Aufträge, ich werde bald ohne dich weiterziehen. Das

154

ist o.k. Ich habe alles gelernt, was du mir beibringen konntest. Vor allem, dass ich nicht verzweifeln muss, weil ich gar nicht der stärkste Mensch auf der Welt bin. Ich habe dich getroffen und du konntest für mich da sein. Ich sehe die Welt jetzt anders.

Wir haben mir ein Schwert geschmiedet, und einen Schild. Ich bin mittendrin in dem Leben, das ich leben will, und ich lasse es mir nicht mehr wegnehmen. Ich war neulich mit Gisi aus der Selbstverletzer-Gruppe im Kino, ich glaube, sie ist jetzt wirklich eine Freundin. Und von den Freunden, die mich früher so mochten, weil ich immer alles im Griff hatte, sind einige geblieben, die mich auch dann mögen, wenn sich Schatten auf meiner Seele tummeln. Ich bin nicht mehr allein. Das haben wir zusammen geschafft. Wir können stolz auf uns sein.

Und hey, ich war mit Gregor aus, ja, mit dem Arbeitskollegen! Wir hatten uns doch in letzter Zeit schon immer so schön unterhalten und letzten Dienstag habe ich ihn einfach gefragt, ob wir nach der Schicht noch was anstellen wollen. Und er wollte sehr gerne! Das hat er wirklich gesagt: ›sehr gerne!‹ Wir hatten einen richtig schönen Nachmittag, ich war nicht cool, ich war nicht perfekt, ich konnte mich die ganze Zeit mit ihm gut leiden, weil ich so ... echt war. Höhö. Sieg! Und als ich dann abends zu Hause war, habe ich mich einfach gefreut, über den schönen Nachmittag, und noch erledigt, was ich mir vorgenommen hatte. Ich habe mich nirgendwohin geträumt, ihn nicht in Gedanken zum Helden gemacht, ich lasse mir einfach Zeit. Wir werden sehen.«

Ein rasantes Auf und Nieder – Therapien

Angelika Pauly

Fast solange ich zurückdenken kann, litt ich unter Ängsten, Panikattacken und Verstimmungen, die man vielleicht als Depression bezeichnen könnte. Dazu traten immer mehr Probleme mit meinen Freunden, Kollegen und Familienmitgliedern auf: Ich verstand sie nicht und sie verstanden mich nicht. So kam es regelmäßig zu großen Streitereien und zur Ablehnung auf beiden Seiten, die Suizidgedanken und -versuche bei mir und bei meinen Freunden und Partnern auslösten. Ich hatte panische Angst vor dem Verlassenwerden und setzte damit meine Freunde und Partner stark unter Druck. Eine besonders schlechte Beziehung ließ mich nachts schreiend durch die Straßen laufen, in halsbrecherischer Autofahrt hinter meinem Freund herfahren, bewusst Gefahren in Kauf nehmend, wenn er mit mir Schluss machte. Ich flehte und bettelte dann, dass er mich nicht allein lassen solle. Er nutzte dies aus und quälte mich, wo er konnte.

Zeitweilig wurde ich gewalttätig, zerfetzte die Autositze meines Freundes mit einem Messer, fuhr mit Autos gegen Betonpfeiler und schlug sogar zu.

Mit 18 Jahren suchte ich zum ersten Mal einen Neurologen auf, bekam Psychopharmaka verschrieben und wurde mit 19 Jahren zum ersten Mal in die Psychiatrie eingewiesen. Acht Jahre später ließ mich der Beginn des Studiums völlig zusammenbrechen. Ich war zu nichts mehr fähig und konnte mich nur noch in meinem Zimmer auf dem Bett hockend aufhalten. Optische Halluzinationen ließen mich und andere erschrecken, denn wer fürchtet sich schon vor einem Tapetenmuster? Körperliche Beschwerden wie Schlaflosigkeit, Konzentrationsstörungen, Schwindel und Lähmungserscheinungen der Beine peinigten mich, mein Körper erschien mir fremd und ich verlor das Gefühl, dass meine Arme und Beine zu mir gehörten. Taubheitsgefühle ließen mich für andere schmerzunempfindlich erscheinen. Die akustischen Beschwerden erschreckten mich weniger, schon als Kind hatte ich Erlebnisse, als kämen Töne von ferne her.

Alleinsein hielt ich nicht mehr aus, ständig musste jemand um mich sein, was meiner Mutter bald zu viel wurde. Sie schleppte mich von einem Arzt zum anderen und nach einigen Wochen landete ich schließlich bei einem Psychotherapeuten. Zunächst wurde ich zweimal in der Woche zur Therapie hin- und zurückgebracht. Nach einem halben Jahr schließlich schaffte ich den Weg dorthin allein, nach einem Jahr konnte ich wieder ein paar Stunden am Tag arbeiten. Von dieser Therapie habe ich viel profitiert. Mein Therapeut lehrte mich, meine Einstellungen und Wertvorstellungen zu überprüfen, in Frage zu stellen und zu neuen Einsichten zu kommen. Langsam gewann ich wieder Selbstvertrauen und war in der Lage, mich aus einer für mich schädlichen Beziehung zu befreien und mich einem lieben und guten Menschen, meinem späteren Mann, zuzuwenden. Ich hängte mein Studium an den Nagel und heiratete.

Verdrängte Probleme

Direkt zu Beginn meiner Ehe überwachte ich meinen Mann, unterstellte ihm Untreue und versuchte ihn dazu zu bringen, das Haus nicht mehr zu verlassen. Ließ er mich allein, um zur Arbeit zu gehen, schrie ich im Treppenhaus oft hinter ihm her.

Das Wort »Vertrauen« war ein Fremdwort für mich, Nähe-Zulassen ein Riesenproblem, das in einem eigenen Zimmer, in dem ich mich einschließen konnte, gipfelte.

Später wurden meine drei Kinder zu meiner Beschäftigung

und diese Aufgabe verdeckte für mehr als 20 Jahre meine Probleme, ließ sie zurücktreten. Als meine Kinder nun größer wurden, kamen auch meine Beschwerden zurück; vorher hatte ich wohl keine Zeit gehabt, mich um mich selbst zu kümmern. Besonders abends und nachts überkam mich die schiere Verzweiflung und ich geriet in Panik, die sich auch als große Anspannung beschreiben lässt. Um aus dieser unerträglichen Spannung herauszukommen, stürzte ich mich in Kontakte, die aber katastrophal endeten.

Am Anfang machte ich meine Umwelt für meine Probleme verantwortlich, bemerkte dann aber, dass ich auch ohne äußere Einflüsse meine Abstürze bekam. So beschloss ich, mich in psychotherapeutische Behandlung zu begeben. Da mir meine Abstürze unerklärlich waren, stand die Behandlung meiner fast 30 Jahre dauernden Ängste im Vordergrund. Ich diagnostizierte selbst eine Agoraphobie und mit dieser Eigendiagnose suchte ich einen Therapeuten.

THERAPEUTENSUCHE

Als moderne Frau bewegte ich mich schon einige Zeit sicher im Internet, besaß eine eigene Homepage und beschaffte mir meine Informationen aus diesem Medium. Da lag es nahe, im Internet auf Therapeutensuche zu gehen. Die Internetseite »Therapiesuche« fand ich schnell und schnell fand ich auch Therapeuten in unserem Raum. Einige rief ich an. Manche von ihnen waren ausgebucht und so sprach ich schließlich mit einem jungen Therapeuten, der mir einen Platz in rund zwei Monaten anbieten konnte. Wir verstanden uns am Telefon gut und ich hatte das Gefühl, dass er beeindruckt von mir war. Da wir noch eine Wartezeit vor uns hatten – er fuhr in Urlaub –, nannte ich ihm die URL meiner Homepage. Dies und auch dass ich seine Adresse aus dem Internet hatte, fand seine Begeisterung. Ich hatte den Eindruck, dass er nicht viele Frauen kannte, die den modernen Medien gegenüber aufgeschlossen waren. Nun, ich hatte ein gutes Gefühl und bewundern lasse ich mich durchaus manchmal gerne. Er selbst war für mich allerdings ein Therapeut unter vielen.

Endlich war der große Tag gekommen: Am 21. Juni 1999 sah ich meinen zukünftigen Therapeuten zum ersten Mal. Schon Tage vorher fieberte ich diesem Termin entgegen – ich hatte so viel Hoffnung. Hoffnung, endlich meine Ängste zu verlieren und ungeniert und frei leben zu können. Ich war überzeugt davon, schon ein Vierteljahr später allein reisen zu können, von meinen Ängsten befreit zu sein.

Mein erster Eindruck von meinem Therapeuten war nicht schlecht. Er lachte mich so freundlich an und ich fand mich angenommen. Mir schoss ein Gedanke durch den Kopf: »In den könnte ich mich nie verlieben.« Warum ich das dachte? Ich glaube, weil er äußerlich so gar nicht mein Typ war. Aber ich mochte ihn.

Schon in dieser ersten Stunde beschlossen wir, zusammen die Therapie zu machen. Wir waren uns beide sicher, gut miteinander arbeiten zu können. Ich war froh, einen so netten Therapeuten gefunden zu haben.

DIE THERAPIE

Nun ging es um meine Beschwerden und ich erzählte von meinen Ängsten, die ich trotz Therapie vor ungefähr 20 Jahren nie in den Griff bekommen hatte. Er meinte, dass ich gute Erfolgsaussichten hätte, solche Ängste ließen sich gut therapieren, in den Griff bekommen, und er fragte mich verwundert, ob mir denn nie jemand gesagt hätte, dass Agoraphobie gut zu behandeln sei. Nein, ich lief schon jahrzehntelang damit durch mein Leben und hatte immer mir die Schuld gegeben – dass ich nicht genug geübt hätte, im Grunde, dass ich ein Versager sei, und genau das warf mir meine Familie ja auch vor.

Dann ging es um meine Lebensgeschichte, um die Anamnese. Außer der Erzählung sollte ich noch einen Fragebogen ausfüllen und mein Leben malen. Gegen Letzteres sträubte ich mich heftig, was er merkwürdig fand. Wir stellten aber die Beschäftigung mit meinem »Malwiderstand« zurück. Ich füllte widerwillig den Fragebogen aus, stellte die Fragen in Frage und unterschrieb zum Schluss nicht – es war ein chaotisches Ausfüllen, mein Therapeut sagte aber nichts dazu.

Als ich mein Leben erzählte, kam viel Trauer hoch, sehr viel Trauer, und ich weinte viel ... ein ganzer See von Tränen öffnete sich, wie er sagte. Damals begann ich Gedichte zu schreiben.

Mein Therapeut ließ keinen Zweifel daran, dass er mich gut leiden konnte und gerne mit mir arbeitete, ja, er betonte es immer wieder, dass er sich auf mich freue.

Dazu streichelte er immer kurz über meinen Arm, wenn ich mich verabschiedete.

Nach einigen Wochen sprach mich mein Therapeut auf einmal mit dem Vornamen an. Er rief: »Angelika«, wenn ich mit geschlossenen Augen träumend und abwesend schräg vor ihm saß. Ich ärgerte mich sehr darüber und fragte ihn, warum er mich beim Vornamen nenne. Darauf meinte er nur, ja, er wisse gar nicht, ob er mich duzen dürfe. Ich war empört und sagte ihm, dass nur meine Freunde mich beim Vornamen nennen und mich duzen dürften, erlaubte es ihm aber schließlich.

Zu jener Zeit bekam ich plötzlich Streit mit einem Brieffreund, einen heftigen Streit sogar. Nach einem Brief von mir ließ nun seine Antwort auf sich warten. Ich ahnte, was das bedeutete, und geriet in Panik. Am 11. August 1999, am Tag der Sonnenfinsternis, hatte ich mit aus diesem Grunde einen schrecklichen Angstanfall während der Therapiestunde. Ich fürchtete mich vor der Dunkelheit, die mitten am Tag kommen sollte. Die Panik, die kam, war so schlimm, dass ich nicht mehr sprechen konnte. Mein Therapeut – ich will ihn ab jetzt X. nennen – nahm mich in den Arm und bot mir an, nach der Stunde mit ihm zusammen rauszugehen und die Sonnenfinsternis draußen anzuschauen. Das klang sehr verlockend und ich stimmte zu, froh, in meiner Angst nicht allein zu sein. Als er mir dann aber sagte, dass er mit seiner Freundin verabredet wäre und ich nicht böse sein solle, wenn er mit ihr ein paar Sätze sprechen würde, nahm ich Abstand von diesem Vorschlag, denn ich wollte das junge Paar nicht stören. Ich bekam dann von ihm zu hören, dass ich Menschen ganz gut vor den Kopf stoßen könne ... Nun, er brachte mich zum Taxi und betonte noch einmal, dass er sich auf die nächste Stunde freue. Ich fuhr zitternd nach Hause und erholte mich dort.

Heute weiß ich, dass ich damals einen psychotischen Schub hatte. Ich hatte die Zeit verlassen, war gefühlsmäßig in einer Situation meiner Kindheit. Was in mir vorging, konnte ich nicht formulieren, mir fehlten die Worte, die Sprache, sodass ich X. auf seine Fragen nicht mehr antworten konnte. Er selbst hatte das Gefühl, mich nicht mehr erreichen zu können. Dazu hatte ich schreckliche Vernichtungsangst, so als würde die Sonne auf die Erde stürzen.

Wie er mir später erzählte, stellte er am Anfang die Diagnose »Ängste und Depressionen«, spürte dann aber nach ein paar Wochen Verwirrung und stellte im August die neue Diagnose: Borderline – wovon er mir aber nichts erzählte. Ich sah mich immer noch als Neurotikerin.

Im September und Oktober 1999 arbeiteten wir gut zusammen. X. ermunterte mich, Motorrad zu fahren, und ich tat es mit Begeisterung, eroberte mir neue Räume damit. Es ging mir ein paar Wochen besser und ich glaubte meine Ängste in den Griff zu bekommen. Auch reiste ich viel und erntete damit jedes Mal Lob von ihm. Ich freute mich auf die Therapiestunden, sah aber X. nicht als eigenständigen Menschen an, er spielte keine Rolle in meinem Leben. Aber ich vertraute ihm viel an.

Seine Praxis lag mitten in einem Einkaufszentrum, und wenn ich durch die Menschenmassen zur Therapiestunde ging, hatte ich das Gefühl, dass die Menschen, die mir begegneten, Roboter wären – ohne Seele, ohne Gefühl. Selbst X. kam mir immer wieder wie ein Roboter vor.

Im Oktober fragte mich X. am Ende einer Stunde ganz unzusammenhängend und überraschend, ob ich schon mal einen Rock anziehen würde. Diese Frage schockierte mich so, dass ich ohne Abschied meine Jacke nahm und aus dem Zimmer ging. Ich war entsetzt, regte mich sehr auf und hatte Mühe, wieder zu mir zu kommen. Nie wieder wollte ich zu ihm hingehen. Nach einigen Tagen hatte ich mich aber wieder beruhigt und schrieb ihm in einer E-Mail, dass ich die Therapie doch weiter fortsetzen wolle. Zu meiner Überraschung schrieb er zurück, dass er daran nie gezweifelt habe.

Wir sprachen in der nächsten Stunde darüber und er meinte, er hätte in eine Wunde gegriffen mit seiner Frage. Die »Aufarbeitung« stellten wir aber zurück.

Schon Anfang Oktober sagte X., dass er im November für »vier lange Wochen«, wie er sich ausdrückte, in Urlaub führe, und schaute mich dabei sehr traurig an. Ich wusste mit dieser Aussage wenig anzufangen. Die letzte Stunde vor seinem Urlaub war sehr schwer. Wir gingen wieder tief in meine Vergangenheit hinein. Ich erzählte, dass mir die Menschen wie Roboter vorkämen, ganz ohne Gefühl. Dabei sah ich X. an und meinte, er hätte auch kein Gefühl. In dieser Stunde äußerte X. den Eindruck, dass ich ein »Missbrauchskind« sei. Bei der Verabschiedung fragte er mich, ob er mich in den Arm nehmen dürfe. Ganz in Gedanken sagte ich »Ja«, an eine kurze Umarmung denkend. Was dann geschah, versetzte mich für mehrere Wochen in einen Ausnahmezustand, denn er drückte und knuddelte mich, dass wir beinahe umfielen.

Geschockt verließ ich die Praxis.

Während dieser heftigen Umarmung kamen viele Gefühle seinerseits zu mir rüber, die mich aufrüttelten. Ich merkte ganz deutlich, dass da ein Mensch war, ein eigenständiger Mensch mit ganz eigenen Emotionen.

In der Folgezeit fühlte ich mich sehr zu ihm hingezogen, körperlich jedoch abgestoßen. Obwohl er jung, attraktiv und sportlich war, ekelte ich mich vor ihm und war ganz durcheinander. Verarbeiten konnte ich es in einem Gedicht, das ich ihm schickte.

Nach einigen Tagen aber wurde ich wütend über diese Umarmung, die mir so unpassend erschien. Diese Wut gipfelte darin, dass ich in der ersten Sitzung nach dem Urlaub die Therapie aufkündigte, ohne aber zu sagen, warum. Meine Wut und meinen Zorn drückte ich in einer E-Mail aus, die ich an X. schickte. Ich bezichtigte ihn des Missbrauchs. Er reagierte beleidigt.

Doch auch diesmal nahm ich die Therapie wieder auf. In der nächsten Stunde sprachen wir darüber. Auf meine Frage, was er sich denn bei dieser Knuddelei gedacht habe, antwortete er, dass es manchen gut täte. Dann hatte er die Idee, meine Hand zu halten, und ich solle sagen, wann es mir unangenehm würde. Diese Idee brachte mich dazu, von dem Sessel aufzuspringen und mich in eine Ecke des Zimmers zu drücken. X. durfte sich nicht aus seinem Sessel bewegen.

Am Ende dieser verwirrenden Stunde sagte ich, dass ich nicht mehr wüsste, was los sei, und fragte ihn, ob er es wüsste. Er sagte daraufhin, ob mir der Name »Borderline« etwas sage.

Nach dieser Sitzung verlief sich der regelmäßige Turnus der Sitzungen. X. kränkelte. Zuerst sagte er via E-Mail die Sitzung nach Weihnachten ab, weil er einen Hörsturz erlitten habe, dann folgte eine Absage am Morgen der Therapie, weil er zwei Nächte nicht geschlafen hatte.

Über Weihnachten und Neujahr ging es auch mir sehr

schlecht und ich sagte, dass ich nicht wisse, wohin ich solle. Er antwortete, er wisse es schon, und machte mir den Vorschlag eines Klinikaufenthaltes. Zuerst war es nur ein Vorschlag, so als solle ich mal zur Erholung irgendwohin. Dieser Vorschlag wurde aber immer drängender bis hin zum Therapieende, weil X. die weitere Zusammenarbeit ablehnte, wenn ich nicht vorher in eine Klinik ginge ... mit anschließender Tagesklinik und vorheriger Psychiatrie. Er sah mich als sehr unter Druck stehend an und begründete dies mit seiner Angst, dass ich mich umbringen oder sonstwie »abrutschen« könnte.

In einer der letzten Stunden bat er mich, mir eine persönliche Frage stellen zu dürfen. Ahnungslos erlaubte ich es ihm und er fragte mich, ob ich mich in ihn verliebt hätte, und zwar bei dieser Umarmung im November. Ganz entsetzt verneinte ich es und hatte dabei das Gefühl, dass er mir nicht glaubte. Ich nannte ihm Argumente und sah in ein versteinertes Gesicht.

Das Ende wollte ich irgendwie nicht wahrhaben. Es ging um die mögliche Therapieverlängerung und ich machte die Augen zu, wusste nicht, was ich wollte. X. wurde ungeduldig und brachte mich dazu, den Verlängerungsantrag zu unterschreiben. Er sagte, dass er mich nicht verlieren wolle.

Wir waren mit der Klinik beschäftigt, mit den Anträgen, der Krankenkasse usw.

Nachdem ich eine Klinik besucht hatte, wollte ich nicht mehr dorthin. Ich hatte große Angst bekommen. X. bat sich eine Woche Bedenkzeit aus und präsentierte mir dann andere Lösungen, etwa eine Klinik in der Nähe. Aber auch das wollte ich nicht. Mir wurde allerdings immer klarer, dass X. nicht weitermachte, wenn ich nicht ging.

Im Februar 2000 hatten wir die letzte Sitzung, ahnten das aber wohl beide nicht. Er ging mal wieder für 14 Tage in den Urlaub, war überlastet und unausgeschlafen, dazu erkältet.

Er wollte mir klarmachen, dass es keine Trennung wäre, ich aber sah die endgültige Trennung vor mir, weil ich nicht in eine

Klinik wollte. Er wollte einen neuen Termin mit mir ausmachen, damit ich sähe, dass es kein Abschieben und kein Abschied wäre – ich lehnte ab.

Ich hörte ihn nicht mehr, er war nicht mehr da. Ich spaltete und schmiss ihn raus aus meinem Inneren. Zwar saß er mir gegenüber und ich sah ihn auch, trotzdem war er nicht mehr da. Er sprach weiter mit mir, ich antwortete aber nur: Du bist nicht mehr da. Daraufhin forderte er mich auf, ihn anzufassen, um mich davon zu überzeugen, dass er da sei. Ich sah auf den Boden und sagte zu ihm, dass da eine tiefe Schlucht wäre. Ich solle über diese Schlucht springen, meinte er, ich sah dazu aber keine Möglichkeit. Nun wollte ich nach Hause fahren, aber die Welt draußen erschien mir so feindlich, so grell, dass ich es nicht schaffte. X. stellte mir Fragen, aber ich konnte es nicht erklären, konnte nicht mehr sprechen.

Es war ein psychotischer Schub.

Daraufhin drängte er mich, in die Psychiatrie zu gehen, rief dort an und meldete mich an. Er wollte mich vorher nach Hause bringen, was aber ich nicht wollte. Mein Mann wollte mich stattdessen an einem Treffpunkt abholen, um mich in die Psychiatrie zu bringen.

Während es mir so schlecht ging, wollte mich X. in die Arme nehmen. Ich fauchte ihn nur an, er solle seine Finger bei sich behalten.

Er begleitete mich aber. Draußen war mir so schwindlig, dass ich seinen Ärmel ergriff. Darauf beugte er sich zu mir und fragte, ob er mich jetzt in die Arme nehmen dürfe. So gingen wir umschlungen durch die Straßen. Ich weiß noch, dass ich es vermied, meinen Arm um seine Taille zu legen. Mein Mann wartete am Auto und nahm mich in die Arme. X. erzählte ihm, was geschehen war, wie es mir ginge, und streichelte dabei die ganze Zeit meinen Arm. Er war sehr besorgt.

Ich bin nicht in die Klinik gegangen, habe mich zu Hause erholt, gegen den Willen von X. Mein Mann hat sich stundenweise Urlaub genommen, was X. nicht recht war, denn das sei nicht der Sinn der Sache – ich müsse in der Klinik bleiben und durch die schweren Ängste hindurch (mit Hilfe von Medikamenten), denn sonst würde sich nie etwas ändern, seiner Meinung nach.

Er schrieb mir dann, dass es meine Entscheidung sei und ich seine Meinung kennen würde, und wünschte mir viel Kraft und Mut für meinen weiteren Weg.

Ich brach zusammen, empfand das als ein Abschieben, als einen Tritt. Nach ein paar Wochen fasste ich den Mut und rief ihn an, um noch einmal mit ihm zu sprechen.

Im April sahen wir uns in seiner Praxis. Er erklärte mir, dass er überfordert sei von meiner Symptomatik, dass ich ihm, aus medizinischer Sicht, zu schwierig sei, dass es ihm zu kippelig wurde und er die Verantwortung für ein Fortsetzen der Therapie nicht übernehmen könne. Auch meinte er, dass er eines nicht gewollt und immer versucht hätte abzuwehren: »eine Wiederholung meines Traumas«. Und doch sei es leider dazu gekommen. Er ärgerte sich offensichtlich darüber. Dann betonte er, dass er mich nicht abschiebe, sondern loslasse.

Zum Abschied schenkte er mir einen Bergkristall. Er fragte, ob er mich zum Abschied drücken dürfe ... Diesmal wollte auch ich es und wir lagen uns in den Armen.

Ich fuhr nach Hause, diesmal ohne psychotischen Schub, aber mit Tränen in den Augen.

Das war's. Aus und vorbei.

Ich litt unter diesem Abschied noch viele Monate, wohl wissend, dass dahinter nicht die Trauer über den Abschied von X. stand, sondern der tiefe Schmerz des Verlassen- und Verlorenseins, den ich als Kind empfunden und immer abgespalten habe.

Irgendwo und irgendwann hatte ich mal gehört, dass ein Pilot sofort wieder in ein Flugzeug gesetzt wird und fliegen muss, wenn er abgestürzt bzw. notgelandet ist. Ich habe wohl die Mentalität eines Piloten, denn ich suchte mir, ganz geschockt, wie ich war, sofort einen neuen Therapeuten.

Übrig geblieben von der misslungenen Therapie waren große Ängste. Ich suchte mir den neuen Therapeuten nach einer Angstskala aus, die ich bei der Probesitzung, vorher und nachher, aufstellte. Die Wahl fiel auf einen Verhaltenstherapeuten, der idealerweise seine Praxis auch noch in der Nachbarschaft hatte.

Mir gefiel seine Art, mich erst einmal in Ruhe zu lassen, wenn ich bei ihm angekommen war. Er verließ für ein paar Minuten das Zimmer und ich konnte durchatmen. Dazu machte er mir eher den Eindruck eines alten Schulkameraden. Wir plauderten über den Stadtteil, hatten denselben Hausarzt und er akzeptierte meine Angst vor körperlicher Berührung und nahm es gelassen, dass ich ihm nicht die Hand reichte. Auch sah ich nicht, dass er von mir beeindruckt war, ich war eine Klientin unter vielen – das gefiel mir. Abgeklärt und lebenserfahren hörte er sich meine Geschichte an.

Beim Hinausgehen hielt er mich immer noch auf, hatte noch eine Bemerkung, eine Frage. Ich hatte das Gefühl, als wolle er mich nicht so schnell gehen lassen. Da war kein Aufspringen zehn Minuten vor der vollen Stunde, Jacke ergreifen und raus. Die Stunde dehnte sich aus und dauerte in der Regel eine Viertelstunde länger als bei meinem vorherigen Therapeuten. Herr Y. hatte Zeit, nichts trieb ihn.

Siebte Sitzung und Einreichung des Antrags an die Krankenkasse: »Ich rufe Sie an, wenn die Bewilligung da ist!« Das war
der Fehler ... Ich glaubte nicht daran. Tatsächlich hatte er den
Antrag am selben Tag eingereicht und sechs Tage später war
die Bewilligung da und Herr Y. rief an – zu spät, er war für mich
erledigt und ich beendete die Therapie. Er sagte nur, dass es in
Ordnung sei, ich aber die Atteste für den Antrag auf einen
Schwerbehindertenausweis und auf EU-Rente, die ich von ihm
haben wollte, so nicht bekäme. Ich sei ihm zu unsicher als Klientin. Die Atteste bekäme ich nur, wenn ich zu den Sitzungen
käme. Ich kam nicht und die Atteste bekam ich ganz problem-
los von X.

Ende des dritten Therapieversuchs im Juni 2000.

Ich ging weiter auf Therapeutenjagd.

Therapeut A: ein abgehobener Intellektueller mit Doktorti-
tel, recht freundlich, interessiert an meinen Gedichten, fasste
meine Ängste intuitiv auf. Die Atmosphäre in seiner Praxis hatte
etwas von Enge und Altertümlichkeit. Bücher dominierten über
moderne Kommunikationsmittel. Ich wagte nicht, von meinen
Internetaktivitäten zu sprechen.

Obwohl mir zugewandt, leise und aufmerksam, stieg meine
Angst ins Unerträgliche, sodass ich mich aus der Situation he-
rausbegab, aus dem Fenster sah, nicht mehr zuhörte, schlep-
pend antwortete. Zum Schluss der Stunde fragte er, wie mein
Eindruck sei. Ich schilderte meine Angst und wir verblieben so,
dass ich ihn anrufen würde.

Ich rief ihn nicht an, denn er kam für mich als Therapeut
nicht in Frage. Er rief mich an und ich sagte ab.

Therapeutin B: ein Traum, feinfühlig und eine Ruhe verbrei-
tend, dass ich mich während der Stunde entspannen konnte. Ich
fühlte mich angenommen und verstanden, mehr noch, zu Hause,
wünschte mir dableiben zu können.

Der Nachteil war die Wartezeit auf einen Therapieplatz von
sechs Monaten. So lange konnte ich nicht warten.

Therapeut C: ein Meister seines Fachs, nach kurzer Zeit stieß er auf einen meiner wunden Punkte und rührte genüsslich darin herum. Die Tränen kamen mir, was er allerdings nicht bemerkte. Er wollte es sich dann überlegen und trug mir netterweise dasselbe auf. Das sollten wir in einer nächsten Sitzung besprechen. Diesen Termin mochte ich nicht ausmachen, ich fühlte mich zu unwohl und brauchte zwei Tage, um diese Sitzung und diesen Therapeuten zu verdauen. Wir verabredeten schließlich einen Anruf meinerseits, der nie erfolgte.

Therapeut D: ein Alptraum. Im Wartezimmer muffige, stinkende Luft – das Behandlungszimmer zwar gut eingerichtet, aber der Therapeut ein abstoßender Mensch, sodass ich am liebsten sofort wieder gegangen wäre. Während der Sitzung redete er fast die ganze Zeit, sodass ich hinterher nur noch schwieg und mir im Zimmer die Bilder ansah. Über Kliniken zog er her, verurteilte sie pauschal. Sogar die Selbsthilfegruppen ließ er nicht aus und meinte, dort würden nur Probleme beweint. Dass ich die Borderline-Gruppe in unserer Stadt gegründet hatte, hat er an diesem Tag nicht erfahren.

Er wollte mich als Klientin »haben« und sagte wortwörtlich: »Ich bin Ihr Therapeut.« Das kam mir so bekannt vor. Ich hatte ein ungutes Gefühl. Gegen Ende der Stunde (er fand kein Ende) läutete es und er ließ den nächsten Klienten rein, führte ihn ins Wartezimmer, was ich zum Anlass nahm, aufzustehen und zu gehen, was ihm gar nicht passte. Er forderte mich auf, mich wieder hinzusetzen, was ich nicht tat. Ich verabschiedete mich. Daraufhin wollte er einen neuen Termin ausmachen, was ich ablehnte mit den Worten: Ich rufe Sie an! Das Gesicht fror ihm ein. Schnell drückte ich seine Hand und ging rasch aus der Praxis.

Ich habe ihn nicht mehr angerufen und er ließ mich in Ruhe.

Therapeut E: am Telefon ein besorgter Mensch, der mir helfen wollte – in der Praxis aber durfte ich mir folgende Sätze anhören:

»Wieso kommt Ihnen die Welt wirr vor? Sie machen doch Mathematik, Sie können doch denken!«

»Sie können davon ausgehen, dass Borderliner nicht gerne als Klienten genommen werden. Wenn ein Therapeut an ihnen interessiert ist, so ist das sehr komisch.«

»Das ist unverständlich, dass Sie zwar kaum Auto fahren, dafür aber Motorrad.«

»Von Borderline haben Sie viel gelesen, dann ist es klar, dass Sie glauben, dass die Symptome auf Sie zutreffen. Das ist wie bei den Medizinstudenten im zweiten Semester, die haben auch alle Krankheiten, die sie gerade lernen.«

»Die Krankenkasse wird Ihnen viele Schwierigkeiten machen, bei Ihren dauernden Therapieabbrüchen!«

Aber er wollte mich nehmen! Diese Großzügigkeit dankte ich ihm schlecht. Ich rief ihn nicht an.

Therapeut F: die Rettung, ein netter Mensch, eine schöne, große und helle Praxis. Er wollte keine frühere Diagnose hören, nur meine Schwierigkeiten im Hier und Jetzt. Ich fühlte mich wohl und verstanden. Das, was ich erzählte, gab er mir in seinen Worten wieder – perfekt. Er konnte das viel besser und klarer ausdrücken als ich selbst. Das Wort »Borderline« wurde nicht genannt, aber meine schweren Probleme. Ich versuchte ihm klarzumachen, wie schwierig ich sei, und bekam nur zu hören, dass ich schon meine Gründe gehabt hätte, wenn ich eine Therapie abgebrochen hätte. Vermutlich hätte ich nicht das bekommen, was ich suchte.

Es war nicht die Frage, ob er mich als Klientin annahm (»Wenn ich Ihnen einen Probetermin gebe, dann habe ich auch weitere Termine und einen Platz frei.«), kein Überlegen, kein Nachdenken, sondern nur die Absprache des nächsten Termins. Ich machte einen Termin aus.

Therapeut G: Wie das Leben so spielt ... Am selben Tag rief ein Therapeut an, der nach der Methode der Dialektisch-Behavioralen Therapie (= DBT) von Marsha Linehan arbeitete.

Diese neue Therapieart war unter Borderlinern heiß begehrt. Er bot mir einen Termin an, der durch Zufall frei geworden war. Bei ihm stand ich schon lange auf der Warteliste und glaubte schon gar nicht mehr an einen Anruf. Ganz überrascht machte ich einen Termin zu einer Probesitzung aus.

Neugierig machte ich zunächst nun einen Termin bei dem Therapeuten aus, der die DBT anbot. Ernüchtert musste ich feststellen, dass er lediglich die Bücher von M. Linehan gelesen hatte, aber ich wusste, dass für einen gewöhnlichen Bordi wie mich an »reine« DBT-Therapeuten kaum heranzukommen war.

Jedenfalls verstand ich mich mit diesem Therapeuten auf Anhieb. Er war sehr freundlich und ließ sich bereitwillig von mir ausfragen, meinte nur, wenn das so weiterginge, würde er mich spätestens in der fünften Stunde stoppen. Auch konfuse Anrufe von mir, in denen ich die Termine hin- und herschob, fing er geduldig ab.

Zur zweiten Sitzung musste ich den Weg allein bewältigen, da mein Mann keinen Urlaub mehr hatte. Ich schaffte die Fahrt dorthin so gerade und kam völlig fertig an – und es kam von seiner Seite volles Verständnis und ein großes Mitgefühl. Er bot mir an, Hausbesuche zu machen, wenn es gar nicht klappen sollte. Dieses Angebot erleichterte mich sehr, doch wollte ich unbedingt ein gewisses Stück Selbstständigkeit behalten.

Nun befand ich mich in der außergewöhnlichen Situation, die Auswahl zwischen zwei mir sehr sympathischen Therapeuten zu haben. Jedoch wäre ich nicht ich, wenn ich nicht schon in der zweiten Stunde Probleme bekommen hätte, ausgelöst zuerst von mir, dann vom Therapeuten.

Der erste Therapeut hatte mich ja nun eingewickelt mit den Worten, dass er mich ohne Vorbehalt annehmen würde. Ein Traum! Ich konnte nicht absagen. Ich schaffte es nicht, sonnte mich in den Gedanken, willkommen und eine »einfache Angst-lerin« zu sein. Ein Spiel, das aber nach sehr kurzer Zeit schon in die Wirklichkeit führte, denn dieser Therapeut begann seine

Behandlung mit Hinterfragen meiner Ängste. Auf meine Frage, was er bezwecke, meinte er, dass er eine Angsttherapie machen wolle. Meine Zweifel, ob das denn so richtig sei, wischte er überheblich weg mit den Worten: »Zerbrechen Sie sich nicht meinen Kopf!«

Kein guter Abschluss der zweiten Therapiestunde.

Und ich hatte ihm etwas Wichtiges verschwiegen, meine BPS.

So rief ich ihn noch am selben Nachmittag an, erwischte nur den Anrufbeantworter und bat um einen Rückruf, da ich etwas Wichtiges sagen müsse.

Der Rückruf kam auch, allerdings sechs Tage später. Zu diesem Zeitpunkt war der Therapeut schon längst für mich gestorben, er existierte in meinem Sinn gar nicht mehr und ich war für ihn nicht mehr zu sprechen. Auch den ausgemachten Termin ließ ich kommentarlos verfallen. Daraufhin erfolgte sein zweiter Anruf, auf den ich auch nicht reagierte. Der dritte Anruf rührte mich dann doch und ich meldete mich. Es brauchte noch einen vierten Anruf von ihm, um einen neuen Termin auszumachen. Dieser Termin kam nun immer näher und ich nahm mir vor, ihm alles zu sagen und auch nicht mit Vorwürfen wegen seiner Überheblichkeit zu sparen. Vorwürfe seinerseits wegen des nicht eingehaltenen Termins würde ich mit hoch erhobenem Haupte ertragen.

Nun, Vorwürfe bekam ich nicht zu hören, obwohl ich sie verdient gehabt hätte. Wie schön, die reine Freundlichkeit wehte mir entgegen und mir wurde dieser Therapeut immer sympathischer.

Also auf ging's und ich erzählte ihm von meiner Borderline-Persönlichkeitsstörung. Er zuckte mit keiner Wimper und meinte, dass er es »nicht so mit Diagnosen hätte« und es ihm auf die Probleme ankäme ... Diese Aussage gefiel mir nicht so ganz, ohne dass ich sagen könnte, warum.

Die Fortsetzung der Stunde war dann wieder große Klasse! Wie geschickt er meine Probleme herausarbeitete, ließ mich staunen und sein Einfühlungsvermögen mir gegenüber war schon enorm. Ich fühlte mich wohl und fand die gemeinsame Arbeit sehr effektiv. Bei diesem Therapeuten mochte ich bleiben ...

Aber da war ja noch der andere ...

Die letzte Augustwoche sollte die Entscheidung bringen, so nahm ich mir vor, und nahm den dritten Termin bei dem DBT-Therapeuten wahr.

Ich hatte »einen Draht« zu ihm, das wurde mir sehr deutlich klar in der dritten Stunde. Er brauchte mir gar nicht in Einzelheiten seine Gedanken zur Therapie zu nennen, ich wusste auch so, dass er mir therapeutisch allerhand zu bieten hatte. Was mir nicht klar war, war, dass er bedauern würde, wenn ich mich gegen ihn entscheiden würde. Mal wieder, wie so oft, hatte ich nicht gemerkt, dass ich jemandem angenehm war.

Auch hatte ich so viel Vertrauen zu ihm, dass ich ihm erzählte, in welchem Dilemma ich mich befand ... gleich zwischen zwei guten Therapeuten wählen zu können.

Am Ende der Stunde sagte ich dann spontan, dass ich mich für ihn entschieden hätte. Ein Entschluss aus dem Gefühl heraus, denn »getestet« hatte ich ihn ja schon.

Nun musste ich noch dem anderen absagen, was mir sehr schwer fiel. Ich habe ihm einen Brief geschrieben.

Nach etwa 10 Sitzungen hielt ich es bei dem Therapeuten dann doch nicht mehr aus. Er reduzierte meine Problematik, meinte, dass er mich nach 30 Stunden geheilt haben würde, und hatte gleichzeitig kaum noch Therapiestunden frei für mich. Ich war auf das Gleis »halb so schlimm« geschoben worden und dort fühlte ich mich gar nicht wohl. Meine Abstürze nach den Stunden, in denen er mich gefühlsmäßig in meine schlimmen Erlebnisse gehen ließ, nahm er nicht zur Kenntnis.

Ich sagte die Therapie ab, der geduldige Anrufbeantworter nahm es stoisch entgegen.

Nach zweieinhalb Monaten suchte ich diesen Therapeuten

noch einmal auf. Ich wollte genau wissen, warum die Therapie gescheitert war. Heraus kam etwas für mich ganz Überraschendes, womit ich nicht gerechnet hatte, denn zu meinem großen Erstaunen erfuhr ich, dass er die Therapie keineswegs als gescheitert und schon gar nicht als beendet ansah. Er interpretierte meinen Therapieabbruch als eine zu mir gehörende Verhaltensweise, die in Ordnung wäre, und er sagte, dass er geduldig auf mein Wiederkommen gewartet habe und mich nicht hätte drängen wollen, denn mit Druck würde man bei mir gar nichts erreichen. Die therapeutische Beziehung sah er als ganz in Ordnung an und er hätte meine Aussage so verstanden, dass ich Abstand gebraucht hätte. Seine Terminverschiebung sei rein technischer Natur gewesen und hätte keinerlei weitere Bedeutung gehabt.

Ich wurde verstanden, ich spürte freien Raum um mich und kam mir dabei selbst ein Stück näher.

Mehr Mittelmass – Schlussgedanken

Wenn ich auf meine Therapien zurückblicke, so bleibt von der ersten Therapie 1977-78 das beste Gefühl übrig. Nach einem Jahr ging es mir deutlich besser und ich fand zurück in eine wenn auch beschränkte, aber – immerhin – Selbstständigkeit. Die Therapie und der Therapeut selbst wurden nie zum Problem, wie es bei meiner Kurzzeittherapie der Fall war. Herr Dr. E. führte die Therapie souverän, gab mir Halt und Sicherheit und förderte meine Autonomie sehr. Bei ihm habe ich gelernt, dass ich Angst haben darf, dass es okay ist, wenn ich nicht dauernd mit Menschen zusammen bin, dass ich so sein kann und darf, wie ich bin, dass ich keine besondere Leistung erbringen muss wie etwa ein Universitätsdiplom, um eine Daseinsberechtigung zu haben. Ich lernte, mich und meine Ansichten zu hinterfragen. Für meinen Geschmack damals hat er mich zu früh ins Leben hinausgeschickt, auf der anderen Seite gab er mir dadurch auch das Gefühl, stark zu sein und allein zurechtzukommen. Es hielt eine Reihe von Jahren an.

Die zweite Therapie endete für mich in einer Katastrophe, denn Ängste und Depressionen wurden so schwer, dass ich im Alltag nicht mehr zurechtkam. Auf dem Höhepunkt beendete der Therapeut die Therapie und wiederholte damit mein Trauma.

Ich glaube, dass ich aus diesem Grund heute noch viel schwerer Vertrauen fassen kann und unter anderem daraus die folgenden Therapieabbrüche resultierten. X. hätte nie diesen körperlichen Kontakt aufnehmen dürfen, das war der erste große Fehler. Ein Therapeut sollte es immer seinem Klienten überlassen, wie nah er kommen darf, und das fängt beim Händedruck an. Ganz wichtig ist auch der räumliche Abstand. Das machten die anderen Therapeuten richtig, indem sie versuchten, es mir recht zu machen in Bezug auf Abstand von Sessel zu Sessel in der Sitzung, und indem sie es mir überließen, ob wir uns zur Begrüßung und zum Abschied die Hand reichten oder nicht.

Der zweite große Fehler war der plötzliche Therapieabbruch. Ich bin als Kind geschädigt worden durch den Beziehungsabbruch seitens meines Vaters und daher muss man mit mir ganz vorsichtig umgehen. Werde ich oder fühle ich mich verlassen, bin ich meinen Gefühlen hilflos ausgeliefert und gerate in eine Krise. Mir fehlte außerdem bei diesem Therapeuten die Klarheit; ich konnte sein Handeln nicht ganz verstehen. Gut war allerdings, dass ich für mich endlich erfuhr, was mit mir los war, dass ich von »Borderline« hörte. Daraus resultierte zwar zuerst eine Bestürzung, dann jedoch eine große Erleichterung. Der Therapeut brachte mir diese Diagnose sehr schonend bei und forderte mich auf, mich darüber zu informieren, empfahl mir Bücher und zeigte mir in den Sitzungen auf, wenn ich spaltete, wie rasant meine Gefühlsachterbahnfahrt verlief, welche

Schwierigkeiten er selbst und demzufolge andere Menschen damit haben. Auch er unterstützte mich dabei, schädigende Beziehungen aufzugeben. In Krisensituationen war er telefonisch für mich da und hatte rasch einen Extratermin zur Verfügung.

Wichtig war, dass er mir beibrachte, die Wirklichkeit zu überprüfen, mich zu fragen: Ist das »wirklich« so?

Ich denke, er hat sich sehr engagiert für mich und ist dabei zu weit gegangen, verlor sich darin. Mehr Distanz hätte der Therapie gut getan und mich nicht so verwirrt.

Wenn ich an die beiden von mir abgebrochenen Therapien denke, so muss ich sagen, dass die beiden Therapeuten ein großes Fingerspitzengefühl für Nähe und Distanz hatten. In dieser Hinsicht fühlte ich mich sehr wohl bei ihnen. Ihr Fehler war, dass sie mir nicht das Gefühl einer verlässlichen therapeutischen Beziehung vermitteln konnten. Eine Verabschiedung mit den Worten: »Ich rufe Sie an!«, ist für andere möglicherweise kein Problem, für einen beziehungsgeschädigten Borderliner aber eine Katastrophe.

Für mich selbst denke ich, dass es nicht unbedingt gut war, meinen Therapieabbruchimpulsen nachzugeben. Ich bereue es, meine Probleme, in diesen Fällen die Gefühle des Abgelehntwerdens, nicht formuliert zu haben, sondern einfach gegangen zu sein. Weiter denke ich aber, dass ein Therapeut mir dabei helfen müsste, möglicherweise einen Vertrag aufsetzen sollte, in dem verankert ist, was von seiner und von meiner Seite aus bei einem Therapieabbruch zu tun ist.

Auf meiner Therapeutensuche habe ich viele Therapeuten angerufen und habe oft dabei am Telefon schon ein leichtes Abflauen des Interesses gespürt, wenn ich das Wort »Borderline« aussprach. Ich denke, dahinter steckt die Vorstellung, dass ein Borderliner schwierig, anstrengend, fordernd ist. Die Therapie kann den Therapeuten an die eigenen Grenzen bringen, das ist sicherlich belastend und kann sich nicht jeder eingestehen. Die besten Erfahrungen habe ich dann gemacht, wenn ein

Therapeut sich nicht für unfehlbar und allmächtig hielt. Borderliner sind meist sehr gut informiert über ihre Störung und auch über die neuesten Therapieformen. Gefragt sind dadurch die Therapeuten, die ebenfalls auf diesem neuesten Stand sind und Fortbildungen gemacht haben. Leider gibt es davon (noch) nicht viele.

Die Therapeutensuche gestaltet sich auch deshalb als so frustrierend, weil es zurzeit eine Unterversorgung gibt. Wartezeiten von drei bis sechs Monaten sind die Regel, auf ein Erstgespräch muss man oft Wochen warten und findet sich schließlich auf Wartelisten wieder.

Die Borderline-Therapie ist meiner Meinung nach deshalb so schwierig, weil ein großes Leid hinter dieser Störung steckt und Therapeuten wie Klienten trotz großen Engagements kaum Fortschritte sehen. Suizidgedanken und Verzweiflung dieser Klienten bringen die Therapeuten dazu, zwischen den Extremen des Überreagierens und der Verharmlosung zu pendeln. Für den Borderliner selbst ist das, was der Therapeut ihm bietet, nie genug. Er würde sich eine 24-Stunden-Betreuung wünschen.

Ich selbst, so denke ich, muss lernen, dass Therapeuten auch Menschen sind (Menschen, die Fehler machen, die mitunter unaufmerksam und unausgeschlafen sind); ich sollte sie daraufhin weder abwerten noch in den Himmel loben, wenn sie in meinen Augen das Richtige getan haben. Mehr Mittelmaß wünsche ich mir und stehe damit in einer Reihe mit Borderlinern, ihren Angehörigen und Partnern, Freunden und Therapeuten.

Drei Geheimnisse ...

... die ich meinem Therapeuten nie verraten würde

Lisa

Ich zögere, mein geheimes Wissen über die »Innensicht« meiner Borderline-Störung zu verraten, denn ich schäme mich dafür. Ich habe Angst, dadurch völlig durchschaubar und verletzlich zu werden. Ich habe Angst, dass das Ergebnis meiner Offenheit dazu führt, dass mein Therapeut und ich gegeneinander arbeiten. Ich habe Angst, dass er mir mein Verhalten »verbietet«. So, wie meine Eltern mir als Kind verboten haben, an den Fingernägeln zu kauen.

Da man Gewohnheiten aber nicht einfach verbieten kann, habe ich Mittel und Wege gefunden, »heimlich« weiterzumachen. Es ist schwierig, heute wie damals. Meine Eltern wurden jedes Mal, wenn sie mich ertappten, wütender und ich trotziger und geschickter.

Ich befürchte auch heute wieder eine Spirale in Gang zu setzen, die beiden Seiten – diesmal meinem Therapeuten und mir – nur schaden würde. Wenn mein Therapeut in die Nähe meines geheimen Wissens kommt, habe ich eigentlich Respekt vor ihm, weil ich merke, dass er nach ungewöhnlichen Erklärungen sucht, die über therapeutische Standards hinausgehen. Trotzdem signalisiere ich, dass die Annahmen für mich nicht nachvollziehbar seien, und streite ab, von diesem Wissen zu wissen, weil ich befürchte, dass mein Verhalten negativ bewertet und möglicherweise verboten wird. Wenn ich »enttarnt« würde, wäre alles nur schlimmer, weil ich meine Gewohnheiten ebenso wie früher nicht plötzlich verändern könnte. Ich würde mir neue, für mich brauchbare Lösungswege suchen, die komplizierter und weniger nachvollziehbar wären, und damit mein geheimes Wissen vor der Bewertung schützen.

Das geheime Wissen sichert mein Überleben, aber es ist auch belastend. Ich glaube, dass es gut wäre, manches offener zu machen. Vielleicht weil es um »Knackpunkte« geht, die ich bearbeiten sollte, weil sie letztlich zu Wiederholungen der Vergangenheit führen. Aber ich habe Angst, dass mein Therapeut dann wie meine Eltern mit Unverständnis, Ärger und Ablehnung reagiert. Ich habe Angst, dass mein geheimes Wissen nicht als Überlebensstrategie, sondern als Sabotage verstanden wird. Lieber schweige ich, statt meinen Therapeuten durch mein Wissen zu verletzen. Wenn ich mir sicher sein könnte, dass ich ihn nicht verliere, dass ich nicht bestraft würde, dann würde ich ihm die folgenden drei Punkte anvertrauen.

Ich weiss, wann du abends ins Bett gehst

Oft habe ich mich gefragt, ob du eigentlich weißt, welche Macht du hast. Wahrscheinlich erahnst du nicht mal in Ansätzen, wie sehr mein Denken und Handeln von dir beeinflusst ist.

Ich frage mich, ob du überhaupt weißt, dass ich weiß, wo du wohnst. Ich frage mich, ob du ahnst, dass ich allabendlich einen Umweg in Kauf nehme, um an deiner privaten Haustür vorbeizufahren oder -zugehen, um zu schauen, ob du zu Hause bist, und um glauben zu können, dass es dir gut geht – damit es mir gut geht.

Ich glaube nicht, dass du es ahnst, und ich fürchte mich davor, dass du es weißt, denn ich glaube zu wissen, dass du die Therapie dann für beendet erklären würdest. Das wäre mein Untergang. Also bin ich vorsichtig, schleiche an der Haustür vorbei, fürchte und wünsche, dich zu treffen, und bin erleichtert, nur dein Auto gesehen zu haben und Licht in deiner Wohnung. Ich bin nur eine von vielen Patientinnen und du bist kein Freund – aber es wäre schön, solche Freunde zu haben.

Ich gehe nach Hause, und um mich nicht zu einsam zu fühlen, stelle ich mir vor, dass du mich begleitest. Zum Glück bist du, was den Dunstkreis um deine Haustür betrifft, nicht besonders misstrauisch. Wahrscheinlich würdest du staunen, wenn du mal einen Abend lang deine Straße beobachten würdest. Ich frage mich oft, ob ich wirklich die Einzige bin, die so etwas macht.

Samstags fahre ich nun immer in die Stadt. Eigentlich ist das etwas blöd, denn da könnte ich ausschlafen. Aber es ist mir wichtiger, dich zu treffen. Die Wahrscheinlichkeit ist hoch, denn samstags bist du oft in der Stadt. Ich halte mich also in der Fußgängerzone auf und »warte« auf dich. Du bist »zuverlässig«, freust dich sogar, mich »zufällig« zu treffen. Mein Wochenende ist gerettet! Ich schäme mich zwar, bin aber glücklich, wenn du dich kurz mit mir unterhältst. Natürlich achte ich peinlich darauf, das Thema Therapie nicht anzuschneiden. Allgemeinplätze wie das schlechte Wetter und die gestiegenen Preise der Eisdiele sind Thema genug. Ich nehme Rücksicht, immerhin hast du heute frei. In der Hand hältst du Druckerpapier. Du kaufst dieselbe Sorte wie ich, nämlich das ganz billige. Komisch.

Na, vielleicht sehe ich dich heute Abend wieder im Arbeitszimmer sitzen, es liegt günstig, direkt zur Straße hin. Genau neben deinem Wohnzimmer. Oft brennt in diesem Raum abends lange Licht, manchmal läuft der Fernseher. Es sieht gemütlich aus, ziemlich friedlich. Wenn ich nach 23 Uhr vorbeikomme, ist deine Wohnung meist dunkel, du hast einen ziemlich gleichmäßigen Lebensrhythmus. Ich kann mich auf dich verlassen und bin froh, dass du nicht ahnst, dass ich deine Verlässlichkeit auch über die Therapiestunde hinaus teste, wahrscheinlich würdest du vor Wut platzen. Ich schäme mich, dass ich dir nachspioniere, aber trotzdem gibt es mir Sicherheit, dass ich weiß, wann du abends ins Bett gehst.

Manchmal weiß ich wirklich nicht, was ich in der Therapie-stunde thematisieren soll. Besonders in Zeiten, in denen es mir schlecht geht, bist du so oft mein imaginärer Begleiter im All-tag, dass ich kaum noch weiß, was ich erzählen soll, weil ich nicht mehr unterscheiden kann, was ich schon erzählt habe und was sich nur in meinem Kopf abgespielt hat, schließlich bist du »immer bei mir gewesen« und hast längst mit mir über die prob-lematischen Situationen und Gefühlszustände »gesprochen«. Ich bin immer etwas erstaunt, wenn du auf das, was ich erzäh-le, mit Interesse reagierst und es dir völlig neu zu sein scheint.

Wenn ich das Gefühl habe, dass die Zukunft der Therapie auf der Kippe steht, dass du mich vielleicht rausschmeißen könn-test, weil ich vermute, dass du denkst, dass ich nicht »anstän-dig« mitarbeite, beginne ich deine »Lieblingsthemen« zu bedie-nen. Ein Zipfelchen Kindheitserinnerung ziehe ich unter Protest aus meinem Inneren und gegen besseres Wissen aus der Ecke, zugleich hoffend, dass ich gegen Ende der Stunde die Kontrolle wiederhabe. Wir tauchen in das Thema ein und ich sehe, wie die Gegenwart verschwimmt, meine Ebenen verrutschen. Das Hier und Jetzt wird unwirklicher, ich muss mich festhalten an irgendwas, an den Fragmenten meines Ichs – der Film der Ver-gangenheit kostet unendlich viel Kraft. Aber ich sehe deine sor-genvollen Blicke und fühle mich geborgen. Deine Augen spie-geln den Schmerz, der zu meinen Kindheitserlebnissen passen muss. Ich bin erschrocken, habe aber keine gefühlsmäßige Ver-bindung zu dem gespiegelten Schmerz. Ich genieße stattdessen, dass im Gegensatz zu damals jemand da ist, jemand mich ver-steht und unterstützt, dass jemand den Schmerz sieht. Ich regis-triere deine Empathie, wohl wissend, dass sie eigentlich nicht mir gilt, sondern meinem »inneren Kind«. Ich sehe, dass dieses Kind dich dringender als je zuvor braucht, und ich brauche genau diesen Gefühlszustand.

In mir macht sich eine Zufriedenheit breit und ich schäme mich gleichzeitig abgrundtief dafür. Ich habe gekämpft um die Sicherheit deiner Unterstützung und Begleitung und ich habe gewonnen. Auch wenn ich das Gefühl habe, dass die Zuwendung nicht mir direkt, sondern meinem »inneren Kind« gilt, so weiß ich doch, dass du mich nicht rausschmeißen wirst, denn: »Es gibt noch viel aufzuarbeiten.«

Und dann ist die Stunde um. Peng! Einfach so, mein Rhythmus will sich einfach nicht den krankenkassengesteuerten Vorgaben anpassen. Die Gegenwart hat mich wieder, aber ich sie nicht. Regression ist eine feine Sache für die stationäre, aber nicht für die ambulante Therapie, finde ich. Aber ich habe keine andere Wahl, will das Risiko, fallen gelassen zu werden, nicht eingehen, kann es mir nicht leisten, dich zu verlieren, nur weil ich »zu uninteressant« bin. Regression wird nicht bestraft, du reagierst mit Verständnis, meistens, jedenfalls solange es keine Arbeit macht, die über den Zeitrahmen einer Stunde hinausgeht, so scheint es mir. Also zahle ich den Preis, »packe aus«, obwohl ich weiß, dass die Regression folgen wird, aber auch die präsentiere ich dir nur pflegeleicht in verdaubaren Portionen. Den Rest mache ich mit mir selbst aus – auch wenn es hart ist. Die ewige Wiederholung: Ich bin doch wieder allein, nur wegen meiner Angst, von dir verlassen zu werden.

Oder bist du nach der Stunde vielleicht gedanklich ebenso mit mir beschäftigt wie ich mit dir? Das solltest du nicht sein, denn es gilt als unprofessionell. Das wissen wir beide, aber ich wünsche es mir trotzdem und darüber hinaus, dass dein Supervisor übersieht, dass ich dir wichtig sein könnte. Ich weiß, dass er im Nachbarort arbeitet, und hoffe, ihm niemals über den Weg zu laufen, denn ich glaube, dass ich ihm völlig ausgeliefert wäre. Immerhin ist er ja so etwas wie ein Lehrer für dich, du erzählst ihm alles über mich und ich erfahre nichts über ihn. Das ist ungerecht, denn er ist beängstigend für mich, weil er mehr Abstand zu unserem Therapeut-Patientin-Verhältnis hat.

Dein Supervisor ist eine Schattenfigur in meinem »Spiel des Überlebens«, die Vaterfigur meiner Vaterfigur. Er erscheint mir als große Gefahr, weil er dich mir wegnehmen könnte, damit ich nicht weiter mir dir »spiele«, dir vielleicht schade, damit du nicht weiter meiner Schlechtigkeit ausgeliefert bist. Ich fürchte ihn, weil ich Angst habe, dass er Recht haben könnte. Auch deshalb muss ich deine Lieblingsthemen bedienen, damit du ihm versichern kannst, wie dringend ich noch Therapie brauche, und damit er diese Entscheidung mitträgt.

Natürlich bin ich auch heute wieder eine vernünftige Patientin, verhalte mich pflegeleicht und verabschiede mich mit letzter Kraft freundlich bis zur nächsten Woche. Ich habe gelernt, dir keine Arbeit zu machen, denn dann kümmerst du dich weniger, ziehst dich erfahrungsgemäß zurück.

Im Grunde habe ich dir mal wieder ein »schönes« Theaterstückchen präsentiert und ich schäme mich dafür, dich die Hauptrolle spielen zu lassen.

NOCH SCHLIMMER, ALS ICH ES VERRATE

Zu Beginn meiner Therapie hast du mein selbstverletzendes Verhalten thematisiert, aber mir gleichzeitig, vielleicht ohne dass es dir aufgefallen ist, signalisiert, dass ich die Schmerzgrenze dessen, was du ertragen kannst, nicht überschreiten soll. Vielleicht täusche ich mich, aber ich halte mich an das ungeschriebene Gesetz, das besagt, dass unsere Kommunikation nicht zu blutig werden darf. Ich mache das »Schnippeln« zum Nebenschauplatz, obwohl für mich Selbstverletzungen zum Alltag gehören, sie sind der letzte Schutz vor akuter Suizidalität. Es ist schwer, das zu erklären. Ich weiß, dass ich meine alten Verhaltensmuster nicht ändern werde, wenn ich nicht offen über die andere, schmerzhafte Seite des »Schnippelns« rede. Ich schäme mich, so wenig Vertrauen zu dir zu haben, aber was würde passieren, wenn ich meine Motivation »zu schnippeln« offen in der Therapie anspräche?

Der eine Grund für mein »Schnippeln« ist, dass ich mich manchmal nicht spüren kann, dass alles so unecht wirkt. Meine Ebenen verschieben sich und ich verliere den Bezug zur Realität, weil mehrere Realitäten zeitgleich nebeneinander bestehen. Dann ist der Schmerz ein klares Signal, jedenfalls wenn er stark genug ist und durchdringt, wenn ich tief oder großflächig genug geschnitten habe. Das Blut zeigt mir, dass ich noch lebe. Wenn ich das Gefühl habe, innerlich zu verbluten, dann ist dieses Blut nach außen ein Sichtbar-, Begreifbar- und Kontrollierbarmachen meines inneren Schmerzes. Diese Version kennst du und du bemühst dich, sie zu verstehen. Du tolerierst diese Art der Selbstverletzung, reagierst nach außen ruhig und schiebst dein spontanes Entsetzen nach hinten. Warum eigentlich?

Der andere – und ebenso häufige – Grund meines »Schnippelns« ist mein hilfloser Versuch, Kontakt herzustellen und Aufmerksamkeit zu bekommen. Wenn ich zu Hause sitze und die Einsamkeit nicht mehr aushalte, überlege ich, mit welcher Begründung ich die Ambulanz im gegenüberliegenden Krankenhaus aufsuchen kann, um das Alleinsein zu unterbrechen, bevor es mich umbringt. Das Einzige, was mir einfällt, ist zu schneiden. Ich muss die Zähne zusammenbeißen, weil ich das »Schnippeln« durch und durch mitbekomme. Den Arm ziehe ich erst mal mehrfach weg und dieses »Schnippeln« tut immer verdammt weh. Aber ich habe einen Grund, in die Ambulanz zu gehen. Dort ist es dann unterschiedlich. Manchmal werde ich mit viel Unverständnis behandelt, manchmal sind die Ärzte nett. Aber erklären kann ich das nicht, was ich da gemacht habe. Ich rede mich immer irgendwie vage heraus. Mein Verhalten finde ich selbst völlig pervers und ich schäme mich dafür. Das sind Momente, in denen ich vieles in Bewegung setze, um zu überleben, obwohl eigentlich nichts Besonderes vorgefallen ist.

Ich habe ein unheimlich schlechtes Gewissen, wenn sie im Krankenhaus nett zu mir sind, weil ich immer das Gefühl habe, dass ich irgendwie mit ihnen spiele. Ich denke jedes Mal, wie gut es ist, dass die nicht wissen, wie schlecht ich eigentlich bin. Als »Agieren« würdest du die zweite Version des »Schnippelns« bezeichnen und hättest aus deiner Sicht Recht. Deine Reaktion auf mein »Agieren« ist – wenn du es aufgedeckt hast – Verärgerung. Da ich mir das nicht leisten kann, gerate ich wiederum in einen emotionalen Ausnahmezustand. Deshalb verschweige ich dir, dass es mir beim »Schnippeln« durchaus nicht immer um das Gefühl, sich spüren zu müssen, geht, sondern dass es manchmal das einzige Mittel der Kontaktaufnahme ist. Das Tabu der unterschiedlichen Motivation für das »Schnippeln« zu brechen würde mich der Möglichkeit einer sicheren Kontaktaufnahme berauben.

Andererseits wünsche ich mir nichts dringender, als Kontakt herstellen zu können, ohne das Blut fließen muss. Es wäre gut, wenn ich dich oder irgendwen, der mein Problem kennt, jederzeit anrufen könnte, wenn es wirklich eine »therapeutische Ambulanz gegen die Einsamkeit« gäbe, eine Art Krisendienst also, der behilflich wäre, verlorene Verbindungen zum eigenen Körper wieder herzustellen.

Aber ich kenne mich und ich weiß, dass ich dir »den ganzen Arm abreiße«, wenn du mir »den kleinen Finger reichst«. Ich bin wie ein Fass ohne Boden, der »Geborgenheitstank« ist leckgeschlagen; und was auch immer oben an Zuwendung hineingeschüttet wird, er wird nicht zu füllen sein. Ich würde mit der ganzen Schwere meiner Verzweiflung an dir klammern, damit ich nicht untergehe. Ich würde völlig unselbstständig werden. Würdest du das aushalten? Würdest du mich fallen lassen, weil ich »nur noch Regression« bin? Ich würde nicht wagen das auszuprobieren, weil ich weiß, dass ich für dich allein nicht tragbar bin.

Trotzdem glaube ich, dass es der richtige Weg wäre, nicht

allein gelassen zu sein mit diesen Gefühlszuständen, aber ich sehe auch, dass es utopisch ist zu glauben, dass du immer für mich erreichbar sein kannst. Das Problem ist, dass ich zwar ein »psychiatrischer Notfall« bin, man mir das aber nicht ansieht. Fast immer rufe ich leise um Hilfe, bevor ich emotional entgleise. Ich beschreibe den Fall ins Nichts, den Verlust des Körpergefühls mit klaren Worten, wenn ich Vertrauen zu dem Menschen habe, der in der Nähe ist. Leider kannst du außerhalb der Therapiestunden nicht in der Nähe sein und oft bist du auch telefonisch nicht erreichbar. Ich muss selbst klarkommen, aber wenn es dann »schief« geht, habe ich Angst, dass du denkst, ich habe dir signalisieren wollen, »siehst du, wenn du dich mehr um mich gekümmert hättest …« Ich sage nichts über die Wunden, denn natürlich denke ich insgeheim, dass du sie hättest verhindern können, wenn du dich mehr um mich gekümmert hättest. Es ist ein Teufelskreis. Wenn ich im Alltag ohne dich dastehe, ist das »Schnippeln« ein Sichtbarmachen meines emotionalen Notfalls. Verglichen mit chirurgischen Notfällen, bin ich wesentlich schlechter dran. Verglichen mit chirurgischen Kollegen bist du auf genauso verlorenem Posten wie ich. Es gibt keine »Borderline-Ambulanz« und keinen »therapeutischen Notdienst«.

Manchmal wünschte ich, dass du ein bisschen »untherapeutischer« wärst und mir sagen würdest, was du wirklich denkst, dass du mir deine Wut über mein Verhalten einfach mal spontan zeigen würdest und ich endlich eine Reaktion hervorriefe. Ist mein Hilfeschrei nicht deutlich genug oder sprechen wir einfach zu unterschiedliche Sprachen? Ich wünschte, wir könnten einmal die Rollen tauschen. Ich wünschte, ich hätte eine Art Skala zur Verfügung, auf der ich dir ohne viele Worte zeigen könnte, aus welchem Grund und wie stark ich gerade unter Druck stehe »zu schnippeln«. Ich wünschte, es gäbe einen realen Ort, an den ich gehen könnte, an dem Regression sein dürfte, bis ich wieder stark genug für den Alltag wäre, ohne zu »schnippeln«.

Ich wünschte, ich hätte endlich den Mut, mit dir über das alles zu reden, denn die bleibenden Narben auf meiner Haut sind ein hoher Preis für ein bisschen – nicht selten nur negative – Aufmerksamkeit.

EIN NEUER, PASSENDERER SCHUH
ERFAHRUNGEN MIT EINER SELBSTHILFEGRUPPE

KONRAD

Es gab Zeiten, vor etwa acht Jahren, da habe ich wochenlang in meiner Ein-Zimmer-Küche-Bad-Wohnung gesessen. Meine Kontakte beschränkten sich auf Mitteilungen am Bankschalter oder beim Einkaufen im einzigen Supermarkt am Ort. Irgendwie lebte ich in der Vorstellung, mich würde sowieso niemand lieb haben. Ich habe mich isoliert.

Ohne Kontakt und ohne den Versuch, Kontakt aufzunehmen, gefährdete ich ständig mein Leben. Dieser lang andauernde Prozess des Rückzugs beherrschte meine ganze Denkweise. Es war die messerscharfe Kastration aller Lebensäußerungen.

DIE MÜHEN DES LEBENS

Bis zu meinem 25. Lebensjahr habe ich geglaubt, arbeiten zu gehen sei etwas für die Doofen. Ich dagegen sei derart schlau, ich bräuchte das nicht. Mit meinen kleinen Geschäften aus dem Dealen mit Drogen, dem Fälschen von Rezepten zur Medikamentenbeschaffung, dem Verkauf von Rezepten und Medikamenten, Betrügereien mit geklauten Kreditkarten, Diebstählen, mit dem monatlichen Salär meiner Eltern, mit den finanziellen Zuwendungen meiner Freundinnen und Freunde sowie den permanenten Kreditüberziehungen bei den diversen Banken, mit dem permanenten Geldleihen, ohne dies je wieder zurückzuzahlen ... mit dieser dauerhaften Schmarotzerhaltung konnte ich mir natürlich einbilden, dass mein Leben auch ohne Arbeit funktioniere.

Ich bin leider kein Engel. Obwohl ich gerne so perfekt wäre, »nur gut und nur lustig« zu sein. Auch würde ich gerne ein erfolgreicher Kaufmann werden, mit fettem Gehalt und satten Umsätzen, natürlich ein liebevoller Gatte und zukünftig (vielleicht) ein fürsorglicher Vater. Und selbstverständlich erwarte ich ein reibungsloses Dahingleiten in dieser Welt.

Ich habe die schöne Welt Gottes von Anfang an als bedrohlich und gefährlich erlebt, nur mit der erwünschten Lebensäußerung, still und nett lächelnd, ein lieber Junge sein, durfte ich »sein«.

Ich nehme heute an, dass wohl die »Krankheiten« meiner Eltern meine Mitbringsel sind. Das waren vor allem: Asozialität, Überversorgung der Kinder mit materiellen Gütern bei gleichzeitiger gefühlsmäßiger Leere, ständige Kränkungen und Gewaltandrohungen, körperliche Gewalt und heftige Schläge, völlig irrationale cholerische stundenlange Wut- und Schreiausbrüche meines Vaters bei dem unsinnigen Versuch meiner Mutter, irgendwie Familie zu sein und heile Welt zu spielen. Dazu kamen schwere Persönlichkeitsdefizite wie innere Unreife und fehlende Urteilsfähigkeit, Co-Abhängigkeiten und Unehrlichkeiten, das ganze symbiotische und schizophrene Eifersuchtsgehabe meines Vaters. Noch heute ist es ihm unmöglich, mich mit meiner Mutter allein sprechen zu lassen, denn es könnte ja um ihn gehen.

Zu meiner Familie halte ich heute allerdings ohnehin große Distanz. Das sichert mir mein Leben.

Ich bin auch nicht verantwortlich für meine frühkindlichen Störungen, der Borderline-Störung und der narzisstischen Persönlichkeitsstörung, ich bin aber gleichwohl verantwortlich für alles, was ich tue.

Ich muss meine Eltern nicht dafür lieben, was sie mir »mitgegeben« haben, ich muss sie dafür aber auch nicht hassen. Und ich will es irgendwie auch nicht mehr verstehen.

Die Selbsthilfegruppe Borderline Anonymous (BA) hat mir dabei geholfen, mein Leben zu verändern. Nach insgesamt drei Therapien – die erste mit 20 Jahren, dann eine fast zweijährige (mit 25-27 Jahren) und später noch einmal ein halbes Jahr Therapie mit 33 Jahren – war ich zunächst gut in der Selbsthilfegruppe NA (narcotics anonymous) für Drogenabhängige sowie den AA (Anonyme Alkoholiker) aufgehoben.

Dort durfte ich mit den Jahren durch das 12-Schritte-Programm kennen lernen, worauf es ankommt, um drogenfrei leben zu können, um Nüchternheit dauerhaft zu erreichen. Drogensucht, Alkoholsucht, Nikotinsucht – für mich war das alles Ausdruck meiner Selbstdestruktivität.

Durch die Arbeit in den Schritten lerne ich darüber, wie mein Verhältnis zu mir selbst war. Und von diesem Verhältnis hängt es letztlich ab, wie ich mich in anderen Beziehungen verhalte, verhalten kann. Wenn ich also »lebendig« sein will, muss ich etwas dafür tun, zum Beispiel Verantwortung übernehmen, Interesse zeigen für andere, Mitgefühl, Teilnahme – oder all das wenigstens hin und wieder versuchen.

Ein Teil meiner Abspaltetaktik ist es, abzuwerten, einzuteilen, auszugrenzen. Ich polarisiere in Gleich-Gültigkeit, in »bin nicht betroffen«, in Stimmungstäler, dann ist die Welt in ein graues Tuch gehüllt, mit Blei überzogen, alles ist schwer, alles ist egal, nichts macht Sinn. Ich habe dann meistens einen wächsernen Gesichtsausdruck, wirke verschwommen, als ob ich zwanzig Valium genommen hätte, was eine Dosierung während meiner Suchtzeit war.

Während der Meetings in der Gruppe höre ich Aussagen wie: »eins nach dem anderen«, »nur für heute«, »es ist gut, auf der Welt zu sein«, »Leben heißt mehr als nur zu funktionieren«, »ich darf um Hilfe bitten«. Diese Sätze haben Auswirkungen auf mich. Es sind Einstellungssätze, die meinen Einstellungssätzen entgegenstehen, die etwa so klingen: »Ich muss alles allein machen; das ganze Leben ist Scheiße; ich habe keinen Wert und alles, was ich mache, hat deshalb auch keinen.«

Ebenso wie ein unaufgeräumter, verschmutzter Raum eine Auswirkung hat, hat ein aufgeräumter, sauberer Raum eine Auswirkung auf mich. Wenn ich unsere Wohnung in Ordnung halte, trage ich Sorge für meine Frau und mich. Wir fühlen uns dann wohl.

Die BA ist Teil meiner Welt. Ich muss nicht dorthin, ich darf hin.

So kann ich mit Hilfe von BA heute eine Ehe führen, die Hälfte der Verantwortung tragen. Um überhaupt eine Ehe führen zu können, muss ich Nähe aushalten können. Bei den BA erlebe ich auf engstem Raum Nähe und ich höre, was andere in der Gruppe über Nähe denken. Das betrifft auch andere Themen: So bin ich heute fähig arbeiten zu gehen, ich kann unseren Haushalt führen, ich achte auf meine Kleidung, meine Nahrung, meine Haare und ich schaffe es manchmal sogar, Konflikte zu lösen.

Bei den Treffen der Gruppe »diskutieren« wir nicht, sondern es gibt jemanden, dem das Wort von der Gruppe erteilt wird. Er oder sie sagt dann etwas und bestimmt selbst, wann der eigene Redebeitrag zu Ende ist. So lange hören die anderen zu.

Wir unterscheiden uns völlig von herkömmlichen Gesprächsgruppen, in denen Meinungen ausgetauscht werden und womöglich noch ein »Zensor« als ein Diskussionsleiter eine Art Lehrerfunktion innehat. Bei uns gibt es keine Schlaueren, die den anderen sagen, was gut für sie ist. Das heißt, gesprochen wird in eine Richtung: Jeder »teilt« seine Gefühle, Probleme, Hoffnungen mit und die anderen hören zu. Das sorgt für uneingeschränkte Aufmerksamkeit und für eine hohe Kultur des Zuhörens. Zudem kommt man selbst während des Sprechens wirklich an Punkte, die nicht kommentiert oder diskutiert zu werden brauchen. Man kann an Meetings aber auch teilnehmen, ohne etwas zu sagen; es gibt keine Redepflicht. Es gibt keine Therapeuten, es sei denn, sie wären selbst Borderliner, aber auch dann sind sie nicht als Therapeuten in der Gruppe.

Dadurch, dass wir in der BA-Selbsthilfegruppe zusammenkommen, signalisiert jeder von uns allen anderen, gerade jenen Leuten, die noch sehr in ihrer Destruktivität gefangen sind, dass sie dennoch nicht allein sind. Und wir zeigen, dass jeder, wenn er wirklich will, ein konstruktiveres Leben führen kann.

Ich habe erlebt, dass sich Menschen verfestigen, nicht weitergehen, immer wieder die gleichen Kreise ziehen können. Unfälle, Rückfälle, Krankheit, körperliche Beschwerden, dauernde Arbeitslosigkeit, Psychiatrieaufenthalte, Selbstverletzungen, Beziehungsabbrüche, Gefängnis und Haft, Therapien, Aufbau, Verfall, Anstalt, Heim, manchmal Friedhof.

Wie in anderen Vereinen und Gemeinschaften »menschelt« es natürlich auch bei uns. Das heißt, selbst in Sphären höchster Reflexionsfähigkeit und durchtherapierter Teilnehmerinnen und Teilnehmer wird dem einen oder der anderen über die Grenzen gelatscht. Dann kommt der eine oder die andere nicht mehr, weil ... Das ist schade! Wir machen hin und wieder eine Gruppeninventur, um solche Konflikte ansprechen und aussprechen zu können. Prinzipien stehen über Personen.

Wozu sollte ich in Meetings gehen, wenn ich dort für die ganze Woche mit dem seelischen Müll anderer zugelabert werde? Ich habe genügend eigenen Mist. Das Meeting ist deshalb auch keine Müllkippe, niemand möchte benutzt werden, sie ist nur begrenzt »Abladestation«. Es gibt eine »Chairperson«, ein Mitglied aus der Gruppe, die zu Beginn bestimmt wird und den Ablauf regelt: Einteilung der Beiträge, keine Kommentare, sie darf den Redner unterbrechen, wenn eben der Eindruck entsteht, dass etwa über Meetingteilnehmer schlecht gesprochen wird oder Gewaltfantasien geteilt werden. Die Chairperson bittet den Teilnehmer dann, zum Ende zu kommen, und weist darauf hin, dass das nicht der richtige Ort dafür sei.

Es gibt allerdings keinen Gruppenausschluss. Jeder und jede ist willkommen. Die einzige Bedingung ist, mit dem destruktiven Verhalten aufhören zu wollen.

Ich habe die Erfahrung gemacht, dass es Leute gibt, ich nenne sie »Meetingsurfer«, die sich gerne Diagnosen geben, um sich interessant zu machen. Es ist irgendwie einfacher, ein Opfer zu sein als ein Täter. Opfern wird geholfen, Täter sind schuld. Und Täter müssen sich selbst helfen.

Ein gutes Meeting zeichnet sich für mich dadurch aus, anschließend mit guten Gedanken und etwas Sonne im Bauch nach Hause zu gehen.

Zentral für die Gruppe ist unsere Hoffnung, mit Hilfe der höheren Macht Genesung zu erreichen. Ein Verein mit religiösen Wurzeln also. Die zwölf Schritte und die zwölf Traditionen sind offiziell von den AA übernommen, mit Ausnahme des ersten Schrittes. Im ersten Schritt heißt es: »Wir geben zu, dass wir der Destruktivität gegenüber machtlos sind und unser Leben nicht mehr meistern konnten.« Im Allgemeinen wird gesagt, dies sei der Schritt der »Kapitulation«.

Für mich bedeutet das auch: 1. Ich brauche Hilfe. 2. Ich bin nicht allein. 3. Ich darf versagen.

Der Begriff »Höhere Macht« ist eine deutsche Übersetzung von »Higher Power«. Power hört sich für mich eher nach Sport an, Macht nach Politik. Es gibt aber keine BA-Definition, was »Higher Power« sein soll. Ich meine, wenn es jemandem hilft, sich ins Gebet zu vertiefen, in Kirchen zu begeben, an Messen und an Weihrauch durchfluteten Zeremonien teilzunehmen, dann finde ich das in Ordnung. Persönlich wäre ich in großen, nebeligen, mit älteren Menschen gefüllten pathetischen Hallen mehr mit der Frage beschäftigt: Wie verhalte ich mich unauffällig oder richtig? Ich habe das natürlich ausprobiert, denn einer meiner Wege heißt: ausprobieren, Erfahrungen sammeln, wachsen, kennen lernen, neue Wege gehen, hingehen.

Meine persönliche höhere Macht ist eher vage, manchmal

spüre ich sie, wenn mich ein Gefühl der Dankbarkeit durchströmt. Dankbar dafür, überhaupt am Leben zu sein, einen gesunden Körper zu haben, noch alle fünf Sinne beieinander zu haben, Spaß und Freude erleben zu dürfen. Aber kleine Dinge zählen auch: Schokoladeneis zum Beispiel.

Ich vergegenwärtige mir, dass es ein Zeichen von Genesung ist, wenn ich Kritik annehme. Annahme von Kritik heißt nämlich, jemand interessiert sich für mich, hält es für wert, mir dieses zu sagen, und opfert seine Zeit dafür. Meine Höhere Macht führt mich zu den Menschen hin, von denen ich etwas zu lernen habe, und zu denen, denen ich etwas zu geben habe. 1. Ich helfe. 2. Ich bin bei dir. 3. Ich höre dir zu.

Für andere ist die Höhere Macht die Natur, die Pflanzen und die Tiere, die Luft, die Erde, die Gruppe, ein abstrakter Begriff, Gott, der Genesungsweg.

SCHUHE FÜR DEN LEBENSWEG

Genesung ist etwas, das sich irgendwie »einstellt«, man kann sie nicht »erwerben«. Nach meinem Verständnis bekommt man sie geschenkt, wenn es Zeit ist, vielleicht hat es etwas mit Reife zu tun. Genesung könnte zum Beispiel sein: etwas weniger Wahnsinn pro Tag, täglich eine Lüge weniger oder wenigstens einmal pro Tag ehrlich sein, einmal am Tag still sein und sich spüren, sich einmal täglich wirklich etwas Gutes tun, vielleicht eine Pause einlegen.

Für Menschen, die Vorstellungen von Selbstmord oder gar Mord haben, könnte Genesung bedeuten, diese Vorstellungen zunächst mit seinem Sponsor (Helfer) zu besprechen oder eine BA-Freundin anzurufen, wenn es dringend ist. Das ist für mich einer der zentralsten, weil schwierigsten Punkte überhaupt. Wie schaffe ich es, Kontakt aufzunehmen, wenn meine destruktive

Energie auf Vollgas steht? Wenn meine ganzen Gedanken zwanghaftes, blitzschnelles Ausagieren fordern und sie mir vorgaukeln, keine andere Wahl zu haben, als »es« zu tun. Das ist für mich ein großes Problem, auf das ich keine Antwort weiß.

Bei mir könnte es sein, dass ich mich durch Aufschlitzen meiner Arme, Beine und Geschlechtsorgane, nur um Schmerzen zu spüren, selbst gefährde. Es könnte aber auch sein, dass ich andere gefährde, dass ich Drogen nehme und Alkohol, dass ich in jeder Hinsicht mein Leben gefährde, Straftaten begehe, meinen Arbeitsplatz von heute auf morgen verliere, meine Wohnung verliere, meine Frau und schließlich mein Leben. Ich könnte mich oder andere prostituieren, um meine Geilheit auszuleben, meiner Sexsucht freien Lauf lassen.

Insbesondere bin ich in Gefahr, meiner Internetsucht, meinem zwanghaften Voyeurismus, meinen bizarren sexuellen Fantasien Raum und Nahrung zu geben. Es sind Ausdrucksformen, die ich als Ersatz für echte Gefühle gefunden habe und die exzessiv betrieben werden können und extrem sind, aber über die Jahre hohler, leerer geworden sind. Wir Borderliner haben die Fähigkeit, glaube ich heute, jede Lebensäußerung zu übertreiben, entweder im Ausleben oder in der völligen Verneinung (Askese). Je nachdem spalte ich alles auf, ab, weg, von jetzt auf gleich. Was eben noch bedeutsam war, erscheint im nächsten Moment wie weggewischt.

Natürlich kann ich Fantasien haben, sie haben ihre Berechtigung, ich muss sie aber nicht leben.

Lebendig zu sein setzt für mich Süchtigen natürlich Freiheit von stofflichen Süchten voraus. Ich habe lernen dürfen, nicht für meine Sucht verantwortlich zu sein, aber ich bin verantwortlich für mein Verhalten gegenüber Drogen. Um mich lebendig zu fühlen, brauche ich von irgendwoher ein gutes Lebensgefühl, wobei es für mich immer noch sehr schwer ist, ein »Gefühl« wahrzunehmen.

Ich bin heute auf einem guten Weg. Dabei danke ich der guten

Sozialgesetzgebung in unserer Gesellschaft. Insbesondere den Krankenkassen und den Rentenversicherungsträgern, die mir die Absicherung und Finanzierung meiner teuren Krankenhausaufenthalte und Therapien erst ermöglichten. Diese Leistungen haben diejenigen »Spießer und Ärsche« mit ihren Beiträgen bezahlt, zu denen ich nie gehören wollte. Ohne sie wäre ich mit Sicherheit nicht mehr am Leben! Danke!

Die BA-Selbsthilfegruppe hilft mir, auch bei Rückschlägen in meiner zerstörerischen Gedankenwelt, neuen Mut zu fassen und meine täglichen Schritte zu tun.

Ich glaube heute, dass sich meine Suchterkrankungen und meine psychischen Störungen wie in einer Form langer Kinderkrankheiten darstellen. Es scheint, als ob eine vierzigjährige Grippe, die immer wieder neu aufflammt, mich von Geburt an erfasst hätte.

Ich wachse aber aus meinen Kinderschuhen heraus, sie sind ausgelatscht. Die Selbsthilfegruppe ist in diesem Sinn ein neuer Schuh, den ich mir gerne anziehe.

Nachwort:
Das Schillern des Abgrunds oder eine ganz normale Krankheit

Andreas Knuf

Wir Menschen können psychisch erkranken oder, um es einmal mit anderen Worten zu sagen: eine psychische Verfassung »erwerben«, die uns im Alltag und im Lebensvollzug deutlich beeinträchtigen kann. Vor allem bei schweren Erkrankungen zieht sich die soziale Umgebung – Verwandte, Freunde, Nachbarn – häufig von den Betroffenen zurück, teils weil sie den anderen nicht mehr einschätzen können oder unsicher sind, wie sie sich selbst verhalten sollten, teils aber auch aus schlichten Vorurteilen.

Die Borderline-Erkrankung und ihre konkreten »Symptome« sind in der breiten Bevölkerung noch kaum bekannt. Im Umgang mit den Betroffenen spielt entsprechend Unwissenheit eine große Rolle, ihr Verhalten wird von vielen Menschen als doch eher »eigenartig« wahrgenommen. Die Betroffenen selbst sprechen meist nur ungern über ihr Empfinden und ihre Verhaltensweisen. Sie haben Angst vor Ablehnung und Distanzierung, außerdem lässt sich nicht in wenigen Sätzen erklären, was Borderline bedeutet, und auch in einem längeren Gespräch ist das eher schwierig. So entstehen Tabus und Vorurteile und das Etikett »Borderline« kann schnell zu einem Stigma werden.

Vieles davon spiegelt sich auch in der Beziehung zwischen Betroffenen und Fachleuten wider, manches nimmt sogar erst dort seinen Anfang. Spielt bei vielen psychischen Erkrankungen eine gesellschaftliche Stigmatisierung eine große Rolle, so geht bei der Borderline-Störung die Stigmatisierung vielfach von uns Fachleuten aus.

Wir halten eine ganze Fülle diskriminierender Begriffe für die

Borderline-Klienten bereit: Sie seien »Therapeutenkiller«, seien voller primitiver Abwehrmechanismen, beziehungsunfähig oder »maskenhaft-unsympathisch«, wie ich neulich las. Wer will schon mit so jemandem etwas zu tun haben? Auch der vielfach verwendete Begriff »frühgestört« taugt nicht als Kompliment. »Nicht schon wieder ein Borderliner«, heißt es auf fast jeder psychiatrischen Station, wenn ein neuer Borderline-Patient angekündigt wird. Eine »vorsichtige« und auf etwas Distanz bedachte Annäherung an die Betroffenen ist sicherlich zunächst berechtigt und therapeutisch sinnvoll, aber in solchen Aussagen schwingt ein Ton der Ablehnung und nicht selten auch des Ärgers mit. Zu oft gehen viele von uns Fachleuten mit einer negativen Voreinstellung an die Arbeit mit Borderline-Klienten heran.

Unsere Klienten spüren diese Ablehnung und das Image der Erkrankung sehr genau. »Als ich das erste Mal die Diagnose hörte, war ich vor allem beleidigt«, schreibt eine Betroffene im vorliegenden Buch. »Das war eine riesige Frechheit«, meint eine andere. Gerade bei der Borderline-Erkrankung ist die negative Haltung der Umgebung sehr gefährlich: Borderline ist eine Störung der Identität: Wer bin ich eigentlich? Wo sind meine Grenzen? Was gehört zu mir? Diese Fragen stellen sich für die Betroffenen ständig; sie sind deshalb besonders sensibel für alle Zuschreibungen, die von außen kommen. Teilweise warten sie geradezu auf diese Einschätzungen, um sich an sie anzupassen, sich entsprechend zu verhalten und die Eigenschaften in ihre Identität zu integrieren. Groß ist dann die Gefahr von Festschreibungen und sich selbst erfüllenden Prophezeihungen. Als wütende Reaktion schreibt eine weitere Betroffene nach der Diagnosestellung: »Wenn ihr Borderline wollt, könnt ihr auch Borderline haben.«

Selbstverständlich gibt es negative Einstellungen nicht nur von professioneller Seite, sondern auch bei den Betroffenen. »Alle Therapeuten sind unfähige Arschlöcher«, ist noch nicht der schlimmste Ausdruck für erlittene Enttäuschungen und lebensgeschichtliche Erfahrungen, die sich in der Therapiebeziehung wiederholen. Auch deshalb enthält dieses Buch so ausführliche Texte über Therapieerfahrungen.

Das negative Image der Borderline-Erkrankung bei vielen Fachleuten hat verschiedene Gründe. Einige sind in der besonderen Dynamik dieses Krankheitsbildes zu suchen, auf diese möchte ich hier nicht weiter eingehen. Sie sind oft genug beschrieben worden. Andere aber haben etwas mit den Rahmenbedingungen zu tun, wie sie in vielen Therapieeinrichtungen, vor allem wohl in psychiatrischen Einrichtungen, vorherrschen. Diese Einrichtungen sind nämlich zumeist sehr unzureichend auf die Behandlung von Menschen mit einer Borderline-Problematik eingerichtet. Es fehlt nicht selten eine hinreichende Qualifikation und Erfahrung der Mitarbeiterinnen und Mitarbeiter, es fehlt die kontinuierliche Supervision und es fehlen häufig auch stationsinterne Absprachen. Diese Situation bewirkt die Überforderung der dortigen Mitarbeiter. Mit »pflegeleichten« Klienten kommt man unter diesen ungünstigen Voraussetzungen gerade noch zurecht, wer aber mehr fordert, der *über*fordert die Mitarbeitenden. Verärgerung und Enttäuschung über die geringen Therapiefortschritte sind dann die Reaktion, manchmal auch Angst davor, bald wieder mit einem Borderline-Klienten konfrontiert zu sein.

Ähnliche Schwierigkeiten gibt es bei ambulant arbeitenden Psychotherapeuten. Streng genommen ist eine Behandlung ohne Supervision nicht möglich, Supervision aber wird von den Krankenkassen im ambulanten Bereich nicht finanziert und kaum ein Therapeut kann sie sich in ausreichendem Umfang leisten.

Borderline wird also auch deshalb zu einem Schreckgespenst, weil die Bedingungen, unter denen mit den Klienten gearbeitet wird, schlicht nicht angemessen sind. Eine Operation ist auch nicht unter freiem Himmel und vom Arzt allein durchführbar. Niemand würde das ernsthaft ausprobieren wollen. Die Borderline-Behandlung aber findet häufig in therapeutischen Settings statt, die fast zwangsläufig scheitern müssen. Nicht nur die Patienten leben auf der Grenze, auch die Therapeuten befinden sich im therapeutischen Grenzland: Wir stoßen an Grenzen, wenn es um die eigene Belastungsfähigkeit geht, wir stoßen aber auch an Grenzen in institutionellen Strukturen. Eigentlich müssten wir Fachleute gemeinsam mit Betroffenen und Angehörigen protestieren gegen die momentan herrschenden Bedingungen, wir tun es aber bisher im größeren Rahmen leider noch nicht. In einigen Regionen werden gegenwärtig Netzwerke aufgebaut, die es ermöglichen sollen, auch ambulant im Team zu arbeiten, nicht länger der einsame Einzelkämpfer zu bleiben, der sich in die Borderline-Dynamik verirrt. Von einer Gruppe von Therapeuten wird sowohl Einzel- wie auch Gruppentherapie angeboten, außerdem kann eine hohe telefonische Erreichbarkeit in Krisenzeiten ermöglicht werden, ohne den einzelnen Therapeuten übermäßig zu belasten. Solche Ansätze finde ich sehr geglückt und notwendig.

Aber Borderline wäre nicht Borderline, wenn es nicht auch die umgekehrte Reaktion von professioneller Seite gäbe. Ein Psychiatrie-Pfleger brachte es einmal auf den Punkt: »Wann nehmen wir wieder eine Borderlinerin auf. Dann passiert endlich mal was.« Es gibt sie, die Borderline-Verlockung bei Fachleuten. Über sie wird leider viel zu wenig gesprochen, denn sie gilt als unprofessionell. Auch ich habe sie bei der Arbeit an diesem Buch immer wieder verspürt: Die Spannung, der Reiz des Außergewöhnlichen in einem nicht immer so lebendigen Therapeutenalltag, ein guter Ausgleich zur nicht selten depressiven Grundstruktur professionell Tätiger. Auch für die Betroffenen hat die Erkrankung häufig etwas Geheimnisvolles und auch Reizvolles. »Borderliner sind schwierig«, schreiben Jenny & Co. »Es gibt schon viele Bücher über sie, aber immer noch kein Rezept, wie die Grenzgänger zu behandeln sind. Sie bestehen offensichtlich auf ihrer Einzigartigkeit. Das ist das, was mir an der Diagnose gefällt. Depressionen kennt jeder.«

Idealisierung oder Ablehnung von professioneller Seite sind zumeist das Ergebnis fehlender Erfahrung. Natürlich gibt es auch viele Therapeuten, die in der Borderline-Therapie sehr bewandert sind und die ihre Wege der Psychohygiene gefunden haben. Sie fühlen sich der Borderline-Dynamik zumeist nicht ausgeliefert und haben eine bewusste Entscheidung für die Arbeit mit dieser Klientengruppe getroffen. Viele von ihnen schätzen die Arbeit mit Borderline-Klienten sehr, zumeist weil sie beeindruckt sind vom Lebensmut der Betroffenen und von ihrem Wunsch nach Veränderung. Sie können Defizite und Chancen zumeist realistisch einschätzen und sind sich ihrer Gefühle den Klienten gegenüber sehr bewusst. Eine sehr erfolgreich verlaufene Therapie wurde in diesem Buch ausführlich beschrieben.

Aber dieser Mittelweg fehlt noch viel zu oft. Er fehlt im Leben der Betroffenen und auch im Umgang und in der Einschätzung von Seiten der Fachleute und Angehörigen. Dieser Mittelweg klingt nicht so spannend, weshalb auch viele Betroffene ihre Mühe damit haben, ihn zu gehen: Borderline ist eine ganz normale psychische Erkrankung. Es ist keine leichte Erkrankung, die Betroffenen und ihr Umfeld leiden zumeist deutlich unter ihr. Einige Betroffene leiden sogar so sehr, dass sie schließlich Selbstmord begehen. Borderline ist damit nicht selten eine tödlich verlaufende Krankheit. Es gibt gleichwohl gute Behandlungsmethoden, die eine deutliche Reduzierung der psychischen Schwierigkeiten bewirken können. Außerdem können Betroffene zahlreiche Selbsthilfemöglichkeiten nutzen, um sich vor stärkeren Krisen zu schützen und ihr inneres Gleichgewicht zu stabilisieren – auch darüber berichtet dieses Buch.

Mit der Erkrankung sind jedoch nicht nur Defizite verbunden, sondern auch einige besondere Fähigkeiten, die in unserer Gesellschaft etwas zählen: ein sehr hohes Maß an Spontanität und Kreativität sowie eine hohe Sensibilität für emotionale Themen sind nur zwei davon. Borderline-Erfahrene sind keine schlechteren Menschen als wir alle, ihre Verhaltensweisen sind

Folgen sehr schwerer Lebenserfahrungen. Auch wenn ihnen viele ihrer Verhaltensweisen bewusst sind und manche sogar absichtsvoll eingesetzt werden, so sind es doch Überlebensstrategien, die nicht einfach aufgegeben werden können. Auch die Betroffenen stehen ihnen nicht selten hilflos gegenüber.

Die typischen Borderline-Schwierigkeiten sind zumeist sehr extreme Ausprägungen von Erlebnisweisen, die so gut wie jeder Mensch kennt: ein inneres Gefühl von Leere, Angst, Wutgefühle und die Neigung zur Sucht sind nur einige davon. Bei Borderline-Patienten sind sie in ihrer Ausprägung jedoch so übersteigert, dass sie für die Umgebung nicht mehr nachvollziehbar wirken. Doch meine Erfahrung ist, dass fast alle Borderline-Erlebnisweisen einfühlbar und verstehbar sind, wenn die Umgebung die Motivation des Betroffenen kennt. Die Verhaltensweisen mögen radikaler, einseitiger und kompromissloser sein, als nicht Betroffene sie kennen, aber sie sind nicht so anders, dass wir sie nicht verstehen könnten. Das Aufspalten in Gut und Böse zum Beispiel ist jedem von uns vertraut. Es wirkt in jedem Streit (»Ich will dich nie wieder sehen.«) und die Politik ist voll davon. Wenn wir verliebt sind, idealisieren wir den anderen übermäßig (»Du bist der schönste Mensch auf der Welt«). »Primitive Idealisierung« heißt das dann im psychoanalytischen Fachjargon. Sogar Selbstverletzungen sind fast jedem Menschen vertraut, wir nehmen sie zumeist nur nicht als solche wahr. Bei Borderline ist dies alles gefährlich verstärkt. Aber es sind trotzdem ganz menschliche Reaktions- und Verhaltensweisen.

Das zu verstehen hilft, angemessener reagieren zu können, was längst nicht immer Schonung oder Akzeptanz durch die Angehörigen oder Therapeuten bedeutet, häufig ermöglicht es gerade, sich klar und »kompromisslos« zu verhalten. Für uns Fachleute wäre es sehr hilfreich, uns mehr in die Situation und das Erleben unserer Klienten hineinzuversetzen. Das ist nicht nur für die Arbeit mit Borderline-Klienten notwendig, sondern mit allen psychisch beeinträchtigten Personen. Bei schwereren Störungen scheint es allerdings einen psychischen Mechanismus zu geben, der den Rollenwechsel erschwert oder gar unmöglich macht. Haben wir so viel Angst vor den seelischen Abgründen, die wir bei unseren Klienten vermuten?

Ich glaube, wir Fachleute brauchen mehr Möglichkeiten, um mit Borderline-Betroffenen und auch mit ihren Angehörigen über ihr psychisches Erleben und ihre Situation zu sprechen, nicht nur im therapeutischen Rahmen, sondern auch in anderen Gesprächsforen. Ebenso wünsche ich mir, dass Betroffene verstärkt in der Fortbildung mitwirken, um uns ein Verstehen zu erleichtern. Wir brauchen einen Austausch darüber, welche Behandlungsangebote und welche unserer Therapiestrategien sie als hilfreich erleben – und welche nicht. Bisher verhalten wir uns in erster Linie so, wie wir selbst es für sinnvoll halten, meist abgeleitet von bestimmten theoretischen Annahmen. Was Betroffene als hilfreich erleben, wissen wir selten.

Im vorliegenden Buch berichten gleich mehrere Borderline-Erfahrene davon, wie es gerade die unkonventionellen Hilfen waren, die besonderen Eindruck bei ihnen hinterlassen haben und hilfreich waren. Nach vielen Jahren erinnert sich Cindy noch gut daran, wie ihr Therapeut ihr half den Kohleofen anzuzünden, nachdem sie in der Therapie berichtet hatte, sie lebe schon seit längerem in der unbeheizten Wohnung.

Für Menschen mit Psychoseerfahrung gibt es jetzt schon seit über zehn Jahren die so genannten Psychose-Seminare, die einen Austausch von Betroffenen, Angehörigen und Fachleuten über Psychose- und Psychiatrieerfahrungen ermöglichen und die mehr Verständnis der Gruppen untereinander bewirken sollen. Gleichzeitig dienen sie der Erarbeitung eines neuen Krankheitsverständnisses, inklusive einer Sprache, die keine diskriminierenden Begriffe mehr enthält. Hier werden alle drei beteiligten Gruppen als Experten ihrer selbst verstanden, hier zählt jedes Wort gleich viel, hier gibt es kein Oben und kein Unten. Vor fünfzehn Jahren hätte niemand die Gründung der jetzt schon über hundert Psychose-Seminare im deutschsprachigen Raum für möglich gehalten. Heute erscheinen »Borderline-Seminare«, wie auch immer sie dann gestaltet sind, vielleicht unrealistisch – ich glaube jedoch, es wird sie bald geben. Worauf warten wir noch?

INFORMATIONEN

BÜCHER

KREISMAN, J.; STRAUS, H. (2000): Ich hasse dich – verlass mich nicht. München.
Sehr verbreiteter Ratgeber-Band über Diagnose, Ursachen, Behandlungsmöglichkeiten der Borderline-Erkrankung, aus dem Amerikanischen übersetzt. Gut verständlich, für Betroffene, Angehörige und Fachleute nützlich.

MASON, P.T.; KREGER, R. (2000): Stop walking on eggshells. Taking your life back when someone you care about has borderline personality disorder. Oakland.
Sehr empfehlenswertes, aber eben englischsprachiges Buch für Angehörige von Borderline-Erkrankten, bisher gibt es leider keine deutschsprachigen Veröffentlichungen für Angehörige. Das Buch enthält viele hilfreiche Anregungen und viele O-Töne von Angehörigen.

RAHN, E. (2002): Borderline. Ein Ratgeber für Betroffene und Angehörige. Bonn.
Leicht verständlich wird über die Erkrankung, über Behandlungs- und Selbsthilfemöglichkeiten informiert, enthält auch den Selbsthilfebogen, der von Andreas Knuf in Zusammenarbeit mit Betroffenen entwickelt wurde.

SMITH, M. (2002): Hilfen für Menschen mit selbstverletzendem Verhalten. Arbeitsbuch. Bonn.
Das Buch hilft beim Umgang mit Selbstverletzungen und eignet sich auch für die Verwendung in therapeutischen Kontexten.

INTERNETADRESSEN

www.borderline-community.de
Forum für alle Menschen, die in irgendeiner Form mit der Borderline-Störung konfrontiert sind. Mit zahlreichen Informationen zur Borderline-Erkrankung, mit Erfahrungsberichten, Adressen lokaler Selbsthilfegruppen und Expertenrat. Außerdem mit einer Mailingliste, die vor allem von Betroffenen genutzt wird, allerdings kostenpflichtig ist.

www.bpd-partner.de
Informationen für Freunde und Partner von Menschen mit Borderline-Persönlichkeitsstörung. Auch Mailingliste für Partner und Angehörige.

www.bulimie-borderline.de.
Sehr umfangreiche und anspruchsvolle Homepage einer Borderline-Betroffenen, die sich »Gute Mine« nennt.

www.versteckte-scham.de
Umfangreiche Seite zum Thema Selbstverletzungen mit Erfahrungsberichten und Hilfemöglichkeiten.

www.borderliners-anonymous.de
Informationen über die BA. Per Post: Anonyme Borderliner-Interessengemeinschaft (BA), Kontaktstelle, Postfach 10 01 40, 50441 Köln (Rückporto beilegen).

AUTORINNEN UND AUTOREN

Andrea Asplenium, Jahrgang 1958, Naturwissenschaftlerin und Fachjournalistin. Lebt mit den Katzen Love und Lucky in Franken. Geht in 12-Schritte-Gruppen, hält viel von erfahrenen Psychologen und wenig von Psychiatern, Psychiatrie oder Psychopharmaka. Asplenium@aol.com

Angelika Pauly, Jahrgang 1950, verheiratet, drei Kinder, Schriftsetzerin, Fernstudentin, Gründerin sowie Leiterin der Selbsthilfegruppe Borderline Community in Wuppertal. Angelika.Pauly@wtal.de

Christiane, Jahrgang 1970. Nach 18 Monaten Behandlung in der Kinder- und Jugendpsychiatrie und mehreren stationären sowie teilstationären Aufenthalten in der Erwachsenenpsychiatrie hat sie am Abendgymnasium das Abitur nachgeholt und parallel dazu eine Ausbildung zur Ergotherapeutin gemacht. Studiert derzeit Literatur- und Erziehungswissenschaften an der Universität Bielefeld. 510019890314@t-online.de

Cindy, Jahrgang 1964, allein erziehend mit einem Kind (geb. 1998), Datenverarbeitungs-Kauffrau, davor in der Altenpflege tätig, jetzt berentet, lebt im Ruhrgebiet. cindy-2@gmx.de

Erika M., Jahrgang 1956, Speditionskauffrau, seit 1992 in EU-Rente. Ka2000@gmx.net

Heike Marie Lohse, Jahrgang 1975, Fremdsprachenkorrespondentin, Studentin (übersetzen/dolmetschen Englisch und Spanisch), Videothekarin, Diagnose: emotional instabile Persönlichkeit und depressives Syndrom. heikelo@gmx.de

Ivy Anger, Jahrgang 1957. Überzeugt von sozialem und politischem Empowerment. Engagiertes Mitglied – und Mitarbeiterin – der Münchner Psychiatrie-Erfahrenen (MüPE) e.V.

Jenny & Co., arbeiten als Wissenschaftler, Pressereferenten und Künstler, Hobbies: Musizieren und Sport, Ziel: lebendig bleiben.

Jesse Blue, 19 Jahre alt, Auszubildende, bisher nur selbstdiagnostizierte Borderline-Störung.

Katrin, 23 Jahre, Medizinstudentin, mehrere Psychiatrieaufenthalte mit guten und schlechten Erfahrungen, heute in einer ambulanten Achtsamkeitsgruppe, leistet im kleinen Kreis Antistigmaarbeit, ihre Devise lautet: »carpe diem«, und ist froh, noch eine Chance zu haben.

Katharina Reith, Jahrgang 1956, verheiratet, zwei Söhne, Werkstoffprüferin, jetzt berentet, lebt am Rande des Bergischen Landes. katharina_reith@hotmail.com

Konrad, Jahrgang 1964, Abitur, abgebrochenes Literaturstudium, Ausbildung zum Schreiner, zurzeit Umschulung zum Einzelhandelskaufmann.

Leslie Bahrs, Jahrgang 1974, Studentin der Psychologie an der TU Braunschweig. scapula@michaelishof.de

Lisa, Jahrgang 1970, hat rote Haare und trägt giftgrüne Hosen. Sie hat es satt, immer nur Schwarz-Weiß zu denken, bemüht sich um Offenheit und führt mit zeitweiliger ambulanter Unterstützung inzwischen ein weitgehend »normales« Leben. Pluesch-Otter@gmx.de

Mark Tiek, Jahrgang 1974, aus Essen, ledig, Kinderpfleger, erwerbsunfähig. mark.tiek@epost.de

Momo, Jahrgang 1954, lebt in Aachen.

Regine Schaub, verheiratet und Mutter, zurzeit Hausfrau, lebt im Allgäu. www.gine-web.de

Sandra. Kontakt abgebrochen.

Stefanie Jäger, Jahrgang 1979, in der Ausbildung zur Erzieherin. Seit sie 16 Jahre alt ist, ist sie bewusste SVVlerin, zuvor zeigte sich unbewusstes autoaggressives Verhalten. Homepage: www.selbstaggression.de

Tina Parlow, Jahrgang 1971, aus Berlin, verheiratet, zwei Kinder, vom Beruf Angestellte, später Arzthelferin, jetzt erwerbsunfähig. tina.parlow@berlin.de (auch: www.borderline-selbsthilfe.de)

Tom, Jahrgang 1973, Naturwissenschaftler aus Leidenschaft, seit 2000 getrennt lebend, keine Kinder, versucht sein Leben wieder in den Griff zu bekommen und lernt gerade seine Beiträge zum Scheitern der Beziehung kennen. Nebenbei ist er im Rettungsdienst und der Wasserrettung aktiv, spielt Gitarre und Schlagzeug. why@kongred.de

DER HERAUSGEBER

Andreas Knuf, Jahrgang 1966, Diplom-Psychologe, Psychologischer Psychotherapeut, langjährige Tätigkeit in der stationären und ambulanten Psychiatrie, Arbeitsschwerpunkt im Bereich der Selbsthilfeförderung, arbeitet für die Schweizer Stiftung Pro Mente Sana in Zürich. Veröffentlichungen: *Bevor die Stimmen wiederkommen. Vorsorge und Selbsthilfe bei psychotischen Krisen* (gemeinsam mit Anke Gartelmann) sowie *Selbstbefähigung fördern. Empowerment und psychiatrische Arbeit* (gemeinsam mit Ulrich Seibert). Ein von ihm und Betroffenen erarbeiteter Selbsthilfebogen findet sich in dem Buch von Ewald Rahn: *Borderline. Ein Ratgeber für Betroffene und Angehörige.*

Andreas Knuf freut sich über Kommentare und Kritik zum Buch: andreas.knuf@t-online.de oder per Post an den Verlag. Homepage: www.beratung-und-fortbildung.de